JN145356

ジャック・ラカン

不　安（上）

ジャック・ラカン

不　安

（上）

ジャック＝アラン・ミレール 編

小出浩之・鈴木國文・菅原誠一・古橋忠晃 訳

岩波書店

LE SÉMINAIRE DE JACQUES LACAN

Livre X

L'Angoisse 1962–1963

Text established by Jacques-Alain Miller

Copyright © 2004 by Éditions du Seuil, Paris

This Japanese edition published 2017
by Iwanami Shoten, Publishers, Tokyo
by arrangement with Éditions du Seuil, Paris.

All rights reserved.

目次

不安の構造への導入

対象の境位、再考

下巻　目次

不　安　享楽と欲望の間

対象 *a* の五つの形

不安の構造への導入

I　シニフィアンの網の中の不安

〈他者〉の欲望
不安の地勢図《オログラフィー》に向けて
真面目さ、気遣い、待受け
制止、妨げ、塞がり
制止、感動、動揺

今年度、私は皆さんに不安についてお話ししようと思います。

しかし、先日気づいたのですが、我々のグループ内の、私と遠くない位置にいるある人が、私がこの主題を選んだことに驚きを隠せない様子でした。不安というこの主題がそれほど大きな鉱脈だとは思われなかったようです。私としては、むしろ、これは極めて大きな鉱脈だと思っています。この主題について我々に提起される数々の疑問の中から、私は、厳格に、選択をしなくてはならなくなるでしょう。だからこそ、今日からすぐ、皆さんを山積みの課題の中に放り出そうと思っているのです。

しかし、彼のこうした驚きには、私が毎年、与太話を続けるのに面白そうな主題を気楽に選び取っていると考えるという、決してぬぐい去れない素朴さの痕跡を感じないわけにはいきません。違うのです。不安とはまさしく、約束の地点、私がこれまで話してきたこと全体がどういうことだったのか、その答えが皆さんを待受けている約束の地点なのです。そこでは、これまで皆さんにはさほど関係がないと見えていたいくつかの項が、互いに、いかに関わりあい、連接しているか、お分かりになることでしょう。そして、それぞれの項が、不安という土壌と密接に結びつけられることによって、さらにふさわしい場《プラス》を占めるのが、お分かりになることでしょう。

さらにふさわしい、と言いますのは、我々の協会の最近の地方会の際に述べられたことから、幻想と呼ばれる極めて本質的な構造に関して、皆さんの頭の中で何かが実際にふさわしい場を占めたように、私には思われたからです。不安の構造はこの幻想と呼ばれる構造と遠いものではないことがお分かりになるでしょう。なぜなら、それはまったく同じなのですから。

1

黒板に、いくつかの標識となるシニフィアン、あるいは要点となるメモをすでに書いておきました。それほど大きな黒板ではありませんから、このメモは、おそらく、私が書きたかったことのすべてを含んでいるというわけにはいきません。もっとも、図式的理解は、あまり濫用しないに越したことはないのですが。

これらの図は二つのグループからできています。上のこれ（図1）については後でもう少し補い、完成させましょう。下にあるのは、例のグラフ、皆さんの頭を長いこと悩ませてきたあのグラフです（図2）。しかし、このグラフは必要なものです。と言いますのは、その標識としての価値が、今後さらに有効なものとして、皆さんに見えてくるだろうと思うからです。

そしてまた、皆さんはおそらく、この形が拷問の猿ぐつわ(1)の洋梨の形になっていることに気づいてはいないでしょう。まあ、しかし、ここは偶然に言及すべきところではありません。

一方で、去年私がよく活用したトポロジー表面、つまり、「クロス・キャップ」は、皆さんのうち何人かの方々に、

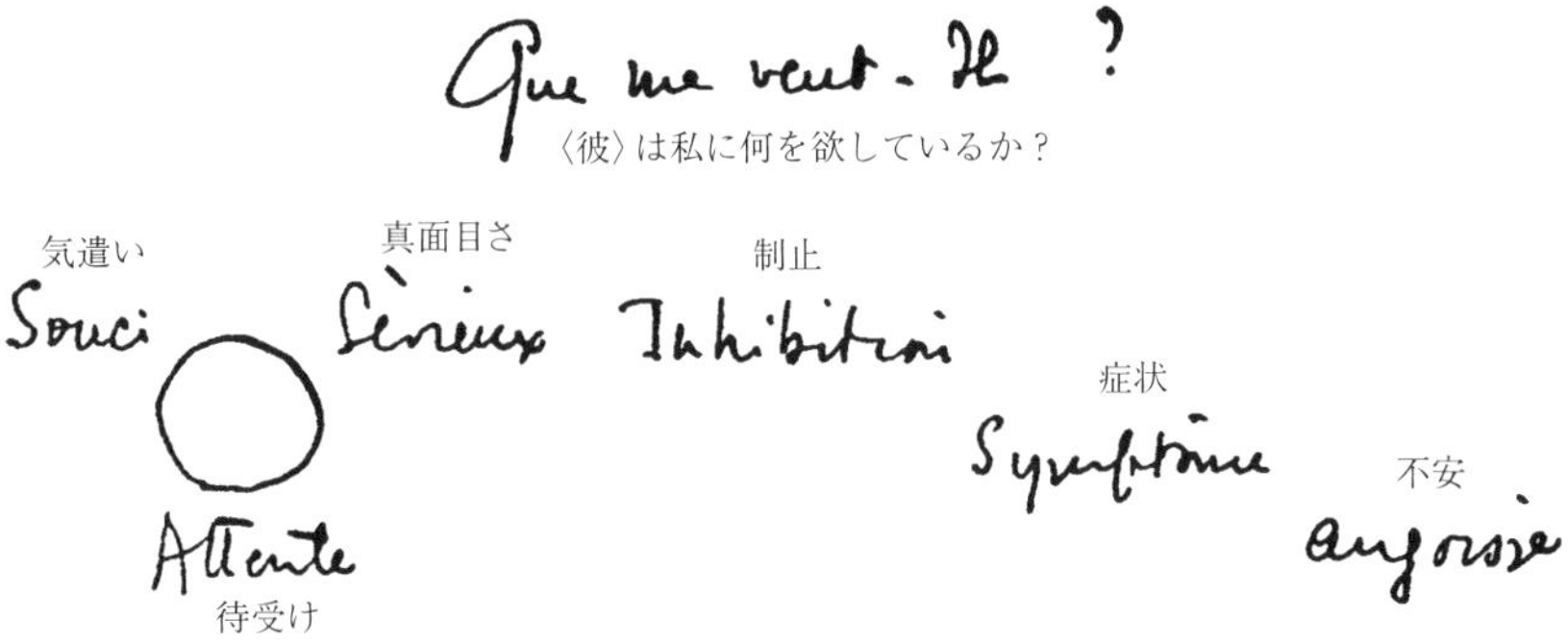
Que me veut-Il ?
〈彼〉は私に何を欲しているか？
気遣い
Souci
真面目さ
Sérieux
制止
Inhibition
症状
Symptôme
不安
angoisse
Attente
待受け

図1

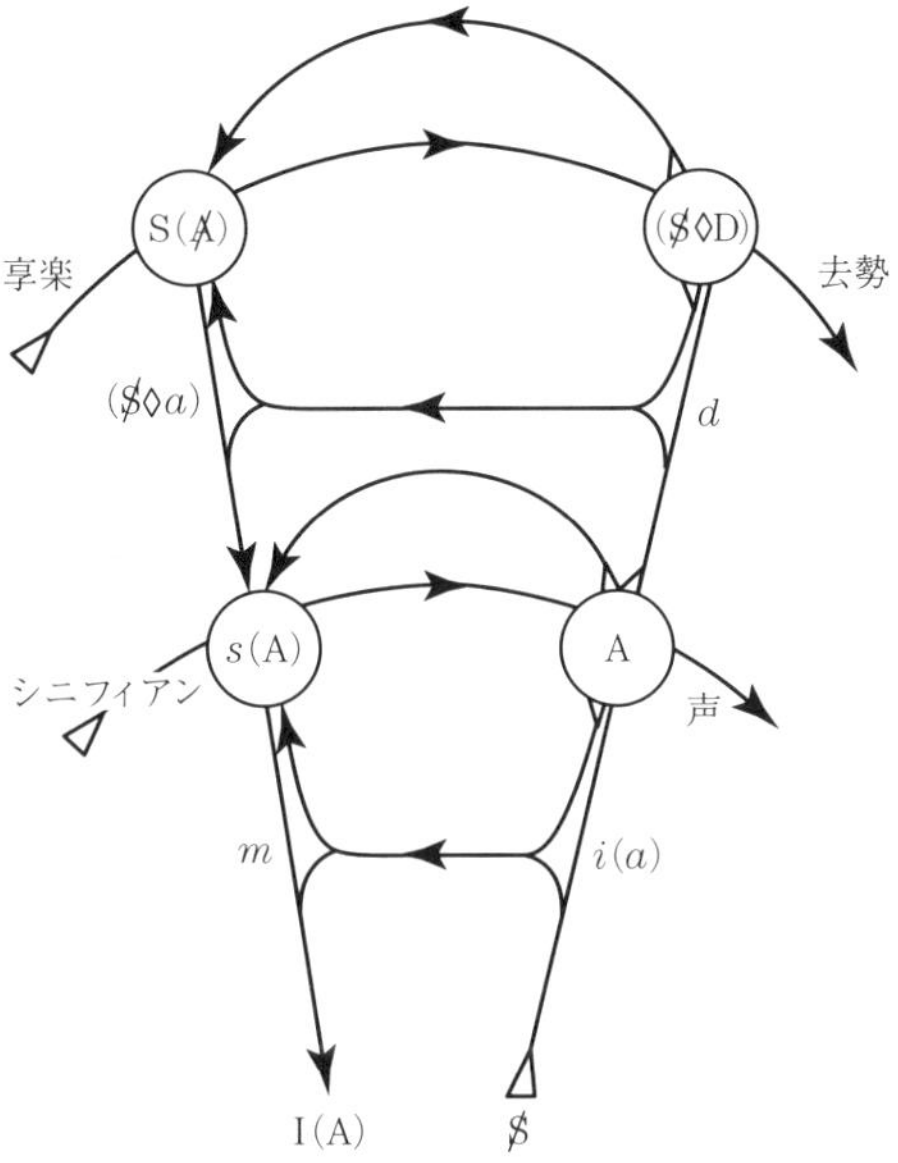
S(Ⱥ)
($\not{S}$◊D)
享楽
去勢
($\not{S}$◊a)
d
s(A)
A
シニフィアン
声
m
$i(a)$
I(A)
$\not{S}$

図2

折れ込み、つまり発生学で言う胚葉とか、大脳皮質層の折れ込みのことを思い浮かばせたようですが、欲望のグラフについては、両側性で、かつ方向づけられた相互交通をもつというその配置にもかかわらず、誰も腹腔の太陽神経叢のことを思い浮かべることはなかったようです。もちろん、私はここで何かその秘密を明かそうとしているわけではありません。しかしこの興味深い同型性は、おそらくひとが思うほどには外的なものではありません。不安に関する論のはじめにあたって思い出していただくのにふさわしい事柄だと思っています。

今日、私の話の導入でお話ししたこと、我々の協会内の私に近い人のあの考えがある程度裏付けているように、不安は皆さんを窒息させるものとは思われません。精神分析家としての皆さんのことを言っているのです。しかし、精神分析家は窒息させられなければならないと言ったとしても、言い過ぎではないでしょう。実際、これは、事の論理から言って当然なのです。つまり、皆さんと患者との関係から当然のごとく帰結することです。患者の主体が不安によって何を支えているかを感じとること、この点で皆さんはいつも試されています。ですから、皆さんのうち少なくとも技法を教えられ、分析家として養成されてきた何人かの人たちにとっては、事態はすべて、もっとも気づかれない事柄でさえ、最後には結局、皆さんの制御の下に入ることになると想定しなくてはなりません。しかし、幸い、分析家が実践を始めるとき、その人が分析家としての素質をいかにわずかしかもちあわせていなくても、寝椅子の上の患者との最初の関係において、何らかの不安を感じるということは、どうも避けがたいことのようです。

これに関連して、不安の伝達という問題に触れておくのがいいでしょう。皆さんは不安を見事に制御し緩衝する術を知っていて、皆さん自身の導きともしているようですが、この不安は、患者の不安と同じ不安でしょうか。同じということもありましょう。この問題については、しばらく答えを出さずにおこうと思いますが、しかし、おそらくいつまでもそうしておくわけではありません。まず、この問いを立てておくことはそれなりの価値があります。たとえ、この問いに有効な答えを与えるためには、我々の本質的ないくつかの論立てを辿り終わる必要があり、また、これから行う最初の回り道が終わるのを少々待たなくてはならないとしても。

これから辿る回り道は、私の聴衆の方々の予想からまったく外れているわけではありません。覚えておいででしょうか、実際、すでにだいぶ前になりますが別の一連の地方会の折に――それらは私にとってまったく満足のいくものではありませんでしたが――私は、昨年のセミネールに対する余談として、前もって、不安と〈他者〉の欲望との本質的関係を皆さんに示唆する一つの定式を考えておかなくてはならないと思っていました。

そこにいらっしゃらなかった方々のために、少しの間皆さんの前で、私がそれに先だって考えておいた一つの寓話、教訓譚、面白いイメージについてお話ししましょう。私は動物のマスク――〈三兄弟〉と言われる洞窟の魔術師がかぶるマスクです――をかぶって、皆さんの前で、別の動物に向き合っているという想像をしたのです。本物の動物、時には巨大なものとも想定されますが、雌カマキリです。私がしているマスクがどんなものか私は知らないわけですから、私が安心できない状態にあることは皆さん容易にお分かりでしょう。私のマスクが、偶然にも、私のパートナーの雌カマキリをして、私の素性について何らかの間違いに引き込むような、ふさわしくないものではないかという点です。その昆虫の眼球という謎めいた鏡に映して自分の像を見ることはできない、ということも付言して、これによっても事態を強調しておきました。

このメタファーはいまも十分に価値をもっています。このメタファーは、私が、黒板に書いたいくつかのシニフィアンの中央に、一つの問いを置いていることを正当化してくれます。それは、私がずっと前からこのグラフの二つの階層の間の蝶番として導入してきた問い、「Che vuoi? 汝、何を欲するか」です。と言いますのは、この二つの階層が、主体とシニフィアンとの関係、つまり私にはフロイトの教義が主体性に関して導入した鍵であるはずと思える関係を構造化しているということを踏まえて言っているのです。この仕掛けをもう少し推し進めてみてください。そうすれば、鍵穴が見つかります。そして皆さんは、「〈彼〉は私に何を欲しているか Que me veut-Il?」を得ることがで

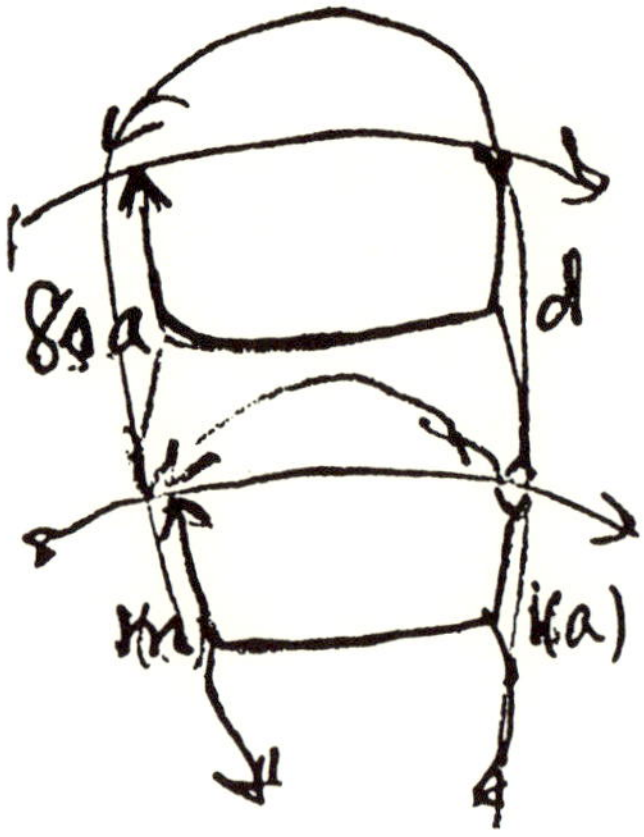

図3

きます。フランス語では、この「私にme」は間接補語でも直接補語でもありうるという両義性があります。これはただ単に「〈彼〉は私に何をもたらしたいか」という意味だけでなく、自我に直接に関わる宙吊りにされた問いでもあるのです。つまり「〈彼〉は私にどうなって欲しいのか」ではなく、「自我のこの場に関して〈彼〉は何を欲しているか」という問いです。

この問いは、二つの階層の間、すなわち、それぞれに特徴的な効果を指し示す二つの復路の間で宙吊りにされています。この二つの道の間の距離——この距離を構築することこそが重要なのですが、そして、それは我々がこれから前進することになる所の根源にあるでしょうが——この距離は、欲望への関係と自己愛的《ナルシシック》同一化とを、単に相同であるだけでなく別個のものにしているのです。

この二つの階層を緊密に結ぶ弁証法の働きの中にこそ、我々は、不安の機能が導入されるのを見ることになるでしょう。不安は、それ自体がこの弁証法の働きの源であるわけではありません。我々は、不安の出現の諸契機との関係で、自身をそこへと方向づけているのであり、不安によってそれが可能になっているのです。こうして、精神分析家である皆さんと不安との関係に関して私が立てた問いが、もう一つの問い、つまり皆さんは誰に気を配っ《メナージュ》ているのかという問いを宙吊りにします。皆さんはおそらく他者に、そして皆さん方自身にも、気を配っています。この二つの気配りは、重なりあっていますが、混同されたままにしておくべきではありません。この点こそ、今年の論の最後に提示されることになる狙いの一つです。

不安に関する我々の研究から引き出すべき一つの方法論上の指示を導入することで、私はさしあたり満足することにします。不安がどのような特権的な点で出現するかをみることで、我々は不安に関する真の地勢図《オログラフィー》を作り出すことができるでしょう。それによって我々は、非常に凝縮された構造的な試みによって構成される、項と項の様々な関係の浮き彫りへと導かれることになります。この構造的試みこそ、私が皆さんのために、欲望のグラフという形で、我々の論の指針となるものとして示さなくてはならないと思ったものです。

皆さんが何とか不安と折り合いをつける術をご存知ならば、自分がどのように折り合いをつけているかをみるよう試みるだけでも、我々は前進することになります。私自身も、やはり、何らかの仕方で不安を調整することをせずに、不安を産み出すことはできないでしょう。そこにこそ、おそらく、暗礁に乗り上げる危険があるのです。私はあまりに早く不安を調整すべきではありません。だからといって、私の目的が、何らかの仕方で、例えばサイコドラマの上演《ジュ》によって、皆さんを不安の中に投げ込む《ジュテ》ことにあるわけではありません。この「投げ込むjeter」の「je」については、以前、語呂合わせの言葉遊びをしましたね。

皆さんご存知のように、不安を導入する論中へ「私 je」を投影することが、いつからか、実存主義的と言われる哲学の野望となっています。キルケゴール以来、ガブリエル・マルセル(2)、シェストフ(3)、ベルジャーエフ(4)など、参照図書には事欠きません。もちろん、これらの人がみな同等の位置にあるわけでも、同じように役に立つというわけでもありません。不安について語る今年度のセミネールの最初にあたってぜひ言っておきたいのですが、実存主義哲学はその守護聖人である最初の人〔キルケゴール〕から私がそれに続けて名を挙げた人々にかけて、否定しがたい衰退を示しています。しかし、この哲学は、同じ時代に思想運動が頼ってきた準拠、つまり歴史への準拠と比較すると、性急さ、さらには狼狽《デザロワ》の印すら帯びているように私には思われます。実存主義的な思索は、歴史への準拠と比べ、むしろ狼狽《デザロワ》――この語の語源的意味において(5)――から生まれ、突き進んでいるのです。

思想という馬――ハンス少年の恐怖症の対象を借りてこう言うのですが――は、しばらくの間は、歴史の乗合馬車を引いている馬だと自身を思い描いているのですが、しかし、突然後足で立ち、狂ったようになり、倒れ、大いに「Krawallmachen 大騒ぎ」するのです。この「大騒ぎ」に、ハンスはその大切な恐怖のイメージの一つを見出しています。これは私がその語の悪い意味で、性急さの運動と呼び、狼狽《デザロワ》の運動と呼んでいるものです。そして、だからこそ、これは、我々が先ほどさしあたり他の人々と同じように実存主義というラベルを貼った思想の系譜の中で、もっとも我々の興味を引くものとは言いがたいのです。

　また、次のことも指摘されるべきでしょう。最後に来た人――だからといって決して最低の人というわけではありません――つまりサルトル氏は、明確に、この馬を起こして足で立たせるだけでなく、歴史の轅《ながえ》に付けることもしています。その流れで、サルトル氏は真面目さの機能に大いに関わり、それについて検討したのです。

　もうひとり重要な人がいますが、私はこの人をこの列の中に入れませんでした。その人については、入り口でちょっと触れ、背景的な事柄に手をつけるだけですから、次のように言っておきましょう。我々精神分析家を観察している哲学者たちは、その人に準拠しているからこそ、我々分析家の到達点について、分析家たちは不安について我々と同じ高みに至るほどにやれるのだろうか、などと言うことができるのです。その人とはハイデガーです。例の始原的被投性のことを考えれば、私が「投げ込む《ジュテ》」という言葉の語呂合わせを言ったときすでに、彼の極めて近くに私はいた《ジェテ》わけです。

　はっきりと語を挙げて言うなら、死への存在という道を通って、ハイデガーはあの未完の論の中で、我々を存在と存在者についての謎めいた問いかけへと導いています。しかし、死への存在は決して不安を通過するわけではありません。ハイデガーの問いによって体験される準拠、それは基本的なものであり、すべての人にあり、「世人 on」のものであり、日常の人間の一般性のものですが、それをハイデガーは名づけています。つまり、それは「気遣い souci」です。もちろん、その意味で、これへの準拠は「気遣い」そのものがそうであるように、我々にとっても無縁なものではありえません。

二人の証言者、サルトルとハイデガーを挙げましたので、さらに三人目の証言者を挙げないわけにはいかないでしょう。ここにいる方々は、その人が何を言い出すかを観察しているのですから、その人は皆さんを代表する資格があると思います。それはつまり、私自身です。

それを認可してくれる証言が得られています。それは、つい最近起きたことで、私が待受けと呼ぼうと思っていることに関してのことです。私がここで話題にしている皆さんの待受けのことだけを言っているわけではありません。皆さんの中のある方に、私がここで今日の話を始めるまでに手に入るよう待受けていると言っていた研究論文が、昨夜、届きました。私は彼にあるテキストを頼んでおいたのです。そして彼自身が私にした質問に関して、私に方向づけを与えてくれるように頼んであったのです。私がまだ、その内容についてまったく検討できていなかったとしても、このテキストが折よく私の手に入ったということだけで、私の待受けに応えていますし、また結局、私も、皆さんの待受けに応えるべく、折よくここに来ているのだと思います。それは、それだけで、不安を呼び起こすような性質をもった運動でしょうか。この運動そのものを問うたことなどありませんが、私はそんなふうには思いません。私について言えば、この待受けは、私に重くのしかかるような事態であるとしても、それ自身、不安を出現させるような次元にあるとは思われないと答えることができましょう。これは私の経験から言えることです。むしろ、逆だと言ってもいいでしょう。

この最後に挙げた準拠は、それが皆さんにとっていかに近すぎて問題含みのものに見えようとも、私がこれを取り上げることにこだわったのは、私が最初から掲げている問いへと皆さんをどのように導こうとしているか、示しておきたかったからです。つまり、不安について皆さんに語るためには、不安との間にどの程度の距離をおくべきなのか、という問いです。すぐに箪笥の中にしまってしまうというのでもなく、また、ぼやけた状態に放っておくというのでもない距離。ちょうどよい距離、つまり、誰からも近すぎないところに私たちを置く距離、最後のいくつかの準拠を挙げることで私が言及した親しい距離、「in extremis 臨終において」、私に書類をもたらす対話相手への距離、そして不安に関する論において私自身をここで危機にさらすはずの私自身に対する距離、そういった距離です。

我々はこれから、この不安を小脇に抱えようと試みることになります。そのこと自体、何も不埒なことではありません。それは我々を見通しのきかない距離に残すでしょう。そして、この距離が、我々を、我々にとってもっとも近しい人から切り離すのです。間違いありません。

ところで皆さんは、私が、この気遣いと真面目さ、そして待受けの間に、不安を閉じ込め、囲い込もうとしているとお考えになるのでしょうか。どうか間違いにお気づきください。不安はこの真ん中に見出すことはできません。三つの語の真ん中に小さな円を描き、少し離れたところに矢印を描いたのは、皆さんがそこに不安を探し、たとえ不安がそこにかつてあったとしても、鳥はすでに飛び去った後であることを見て取るであろうということを、示すために他なりません。

2

『制止、症状、不安』、これはタイトル、そしてスローガンであり、このスローガンのもと、不安という主題についてのフロイトの説の最終項が分析家の前に現れ、分析家の記憶に刻印されているのです。

このテキストには踏み込みません。なぜなら、皆さん最初からお察しのように、私は、今日、安全ネットなしで曲芸をしようと決めているからです。そして、また、フロイトの言説というネットが皆さんにこれほど偽りの安心感を与える主題は不安をおいて他にないからです。我々がこのテキストの内容に踏み込むときには、皆さんは、不安に関してまさに見るべきこと、つまりネットはないということを、見て取ることになるでしょう。不安が問題にされているときには、網目それぞれは、こう言ってよければ、ただ、不安がその中に含まれる空《くう》を残すという意味しかもちません。

『制止、症状、不安』の言説の中では、ありがたいことに、不安以外のことはすべて語られています。これは、不安については語れないということでしょうか。安全ネットなしで曲芸をするという表現は、綱渡り芸人のことを思い起こさせます。綱として、タイトルである『制止、症状、不安』だけを取り上げます。こう言ってよければ、この三つの項が同じ次元にはないということはすぐに理解できます。これらは雑多なものです。だからこそ、私はこれを、三本の線の上にずらして書いたのです。これがうまくいくためには、つまりこれらがひと続きとして理解されるためには、私がここに書いたように、つまり対角線上にそれを捉えることが必要です。当然、空欄を埋めなければなりません。

一目瞭然なこと、つまりこれら三つの項の構造間の違いについて、皆さんに証明するのに長々と時間をかけるつもりはありません。これら三つの項は、我々がそれらを位置づけようとしても、文脈とか関連事項としてそれぞれ決して同じ項をもつものではありません。

こうして、制止は、もっとも広義の意味での運動の次元にあります。このテキストの内容には踏み込みませんが、それでも皆さんはテキストをよく覚えていらっしゃるでしょうから、フロイトが制止に関しては身体移動についてしか語っていないことをご存知でしょう。少なくとも隠喩的には、すべての機能には、たとえそれが身体移動の機能でないとしても、運動が実在します。

制止において、問題となっているのは運動の停止です。しかし、制止という言葉が我々に示唆しているのは、単に停止だけでしょうか。皆さん、制動ということもあると、反論されるでしょう。もちろんそうです。私もそれには同意します。

ですから、これは、我々にとって極めて親しい一つの観念に関わるいくつかの次元をそれぞれ区別できるようなマトリックスを構築しているのです。水平軸に困難さの観念を置き、座標のもう一方に運動の観念を置くことができるでしょう。そうすればより明確にそれを見てとることができましょう。なぜなら、これは我々を地面に降ろしてくれるものでもあるからです。地面、つまり我々の間で流通している概念や観念、さらには難解な言葉などによって覆われていないものとしての地面です。

「妨げる empêcher」という言葉を使っても、決して悪いことはないでしょう。まさに、妨げることが問題となっているのです。我々の患者たちが我々に自身の制止について話しているとき、あるいは、我々が学術集会で彼らの制止について話すときには、彼らは制止されているとされます。しかし、彼らは日々、妨げられているのです。妨げられていること、これは一つの症状ですが、一方、制止されていること、これは博物館の陳列棚に置かれた症状です。

語源学を参照することは決して不合理な迷信に従うようなことではありません。私は語源学が役に立つときにはそれを使うようにしています。「impedicare」(6) は、罠にはまったということです。しかしこれは極めて重要な観念です。この語は実際、ある次元とそこに邪魔をしに入ってくる何かとの関係を含意しています。その何かが妨げるのは、我々の関心を引くものの中では、参照項であるところの機能でもなく、困難にされた運動でもなく、まさに主体そのものです。これこそが、我々を、我々が探しているもの、つまり不安の名のもとに起きているものへと、接近させてくれます。だからこそ、私は「妨げ《アンペシュマン》」を「症状」と同じ列に入れているのです。

私はただちに、問題となっている罠が自己愛的《ナルシシック》な捕縛であることをお示しします。続いて、我々はこの点をさらに明確化することになるでしょう。しかし、この点について、皆さんはすでに初学者ではありません。ファルスが自体愛的《オートエロティックマン》に備給され続けている限りで対象へと備給されうるものに関し、自己愛的《ナルシシック》な捕縛が正確な限界を導入します。皆さんはこの限界を私が最終的に明確化したことを覚えていらっしゃるでしょう。その結果として、鏡像に生ずる亀裂はシニフィアンの連接にその支えと素材を与えるものとなるのです。このシニフィアンの連接は、もう一つの面、象徴的な面では、去勢と呼ばれています。突発する妨げ《アンペシュマン》はある円環に結ばれており、この円環によって、主体は、主体自身からはもっとも離れているものである享楽へと主体が向かう運動そのものの中で、かつてこの道の途上で自身の像である鏡像にとらえられるがままに身を任せたという、内密な、ごく近しい亀裂に出会うのです。これこそ、まさに罠です。

ここでは、我々はまだ症状の水準にいます。もっと先まで行ってみましょう。制止という言葉の意味についての問いをさらに進めるなら、三番目の列にどのような用語が導かれるのでしょうか。制止、そして妨げ《アンペシュマン》、その後に来る三番目のものとして私が皆さんに提案するのは、まさに「塞がり embarras」という見事な語です。ここでもまた体験の岩床へ、そしてばかばかしい真面目さへと皆さんを導くという方向で、私は進んでいます。

今日は語源が大当たりの日で、私にとってはいい風が吹いていますから、この「塞がり」という語はなおさら重要です。塞がり(embarras)とはまさに棒《バール》(barre)をまとった主体S、「S」です。なぜなら「imbaricare」という語はごく直接に棒《バール》、「bara」そのものを示唆しているからです。これこそ塞がりのもっとも直接的な体験のイメージです。皆さんがもはや自分をどうしていいか分からなくなったとき、何かその後ろに隠れるものを探します。問題はまさに棒の経験です。私の調べに間違いがなければ、多くの地方語の中で、この棒はいくつかの形をとっているようです。しかし、なにも地方語にまで話を広げなくとも、スペインの人はいませんか。いませんね。残念です。聞くところによるとスペイン語では女性形の「塞がれた者 embarrassée」、つまり「embarazada」は、妊娠した女性を指すということです。これもまた、ふさわしい場に置かれた棒の極めて意味深いもう一つの形です。

以上が困難さの次元です。この水平方向の第一行は、制止で始まり、妨げ《アンペシュマン》が続き、塞がり《アンバラ》と呼ばれる不安の軽い形態へと至ります。

もう一方の次元、運動の次元で、我々は制止のあと垂直方向に、どのような用語が並べて描かれているのを見ることになるのでしょうか。

まず「感動《エモスィヨン》 émotion」です。

ここまで私には極めて恵みの多かった語源学にここでも頼ることをお許しください。感動《エモスィヨン》という語は語源的に運動と関係しています。もっとも、ここでは少し手を加えて、ゴルトシュタイン(7)的な意味、外、「ex」、軌道の外へと投げ出すという意味をもたせています。これは自ら解体する運動であり、破局反応と呼ばれるものです。この破局反応をどの場所に置くかということを皆さんにお示しするのが有用であったのは、結局、不安とは破局反応だというような人もいたからです。確かに破局反応は不安と関係があるでしょう。しかし、不安と関係がないものなどあるでしょうか。本当は、不安はどこにあるかということこそ問題なのです。例えばヒステリーの発作を示すのにも、さらにほかのケース、怒りを示すのにも、ためらいなく破局反応に準拠することができるという事実だけでも、この破局反応では不安を識別するのにも、不安のありかを示すのにも役に立たないということが十分に証明されます。

次の一歩を踏み出しましょう。我々はまだ、不安に対し一定の敬意を払った距離を保っています。我々はまだ二枡の距離を置いていますから。運動の次元で、不安の段階にもっと正確に相応するものが何かあるとしたらそれは何でしょうか。いまからその名を言いますが、それは私が長いこと、皆さんの興味を引くために、とっておきの名として暖めてきたものです。私はそれをほんの一瞬示唆したことがあるかも知れませんが、よほど鋭く耳ざとい人だけが捉えることができたでしょう。それは「動揺《エモワ》 émoi」という語です。

ここで語源学は思った以上に私に味方しています。私の思い通りです。ですから、このあと私が語源学から得たことをまずは全部話してしまって、さらにそれを濫用するつもりでいます。はっきり申し上げますが、ブロッホ氏とフォン・ワルトブルク(8)氏の手になる論文に、ぜひ当たってみてください。私はほぼテキストそのままをいまから引用しますので、重複することになるのはお許しください。私は他人のものを平気で失敬します。誰だってそんなことはお気に召さないでしょうけれど。

彼らが言うところによれば、この語は語感から——彼らはそういう言い方をしています——まさにぴったりの語である「感動させる émouvoir」に結びつけられてきました。さて皆さん、誤りにお気づきください。違うのです。語源学的には、言葉の使い方を知っている者にとって動揺《エモワ》と感動《エモスィヨン》とはまったく関係ありません。いずれにせよ、「esmayer」という用語はすでに一三世紀には使われていたことが実証されていることを知っておいてください。この「esmayer」にまで遡る前に「esmais」と——さらに皆さんがお知りになりたければ——「esmoi／esmais」が優勢になったのは、著者たちを参照して言えば、一六世紀になってからでしかありません。「esmayer」には、混乱させる、驚愕させる、混乱するという意味があり、この「esmayer」は地方語の中でいまでもなお実際によく使われていますが、この語は俗ラテン語の「exmagare」へと我々を導いてくれます。これには、権力や力を失わせるという意味があります。この俗ラテン語は再構成された西ゲルマン語の語根の移入と結びついています。その語根は「magan」という語です。しかしそもそもこれは再構成する必要もありません。高地ドイツ語やゴート語にはこれと同じ形で語根があるからです。ドイツ語が少しでも分かる人ならば、ドイツ語の「mögen」を思い浮かべることができるでしょう。それに英語には「to may」があります。イタリア語に「smagare」は存在しますか。

イタリア語にはさほどないようです(9)。ブロッホとフォン・ワルトブルクを信じるなら、これは「落胆する se décourager」という意味のようです。ですから、疑念が一つ残ります。ここにポルトガルの人は誰もいませんから、私ではなくブロッホとフォン・ワルトブルクが「esmagar」という語をもち出して言わんとしていることについて、私が非難を受けることはないでしょう。この「esmagar」という語は、「砕く écraser」という意味をもっています。

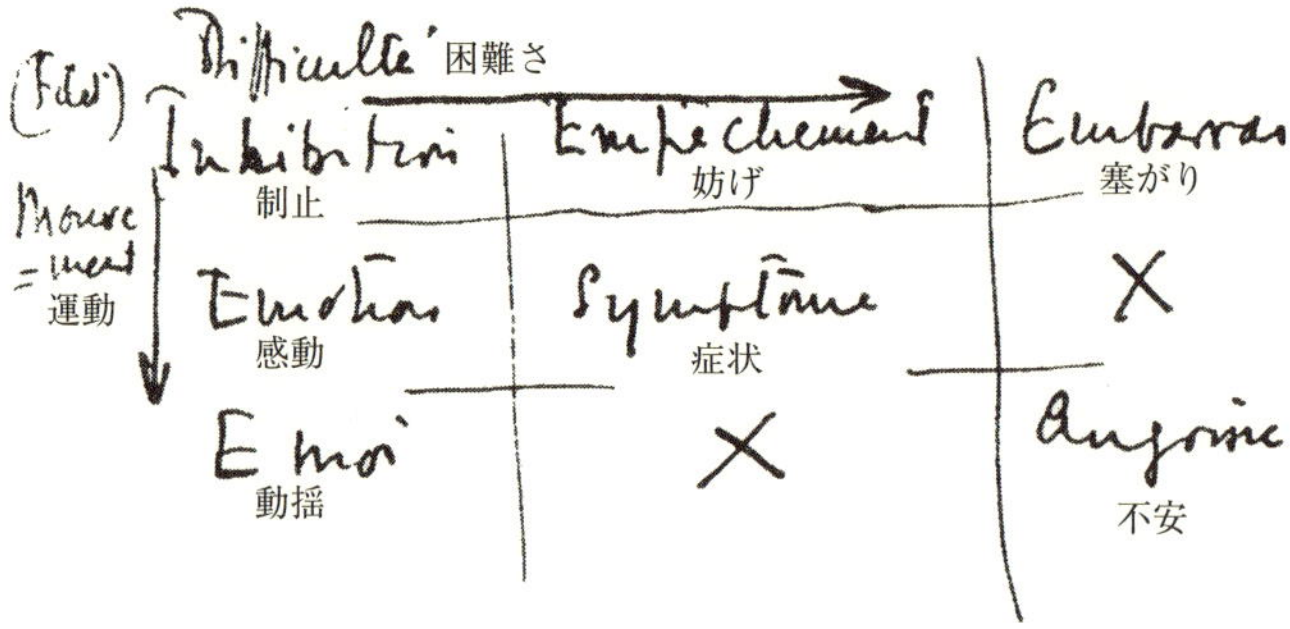

図4

私は、当面このことを、今後大きな利点をもつものとして頭にとどめておこうと思っています。プロヴァンス語については皆さんにお任せいたします。

事情はどうあれ、「Triebregung 欲動の蠢き」という語に当てられてきた訳語、欲動的動揺《エモワ》(émoi pulsionnel)はまったく不適切で、その間には感動《エモスィヨン》と動揺《エモワ》の間にある大きな隔たりと同じほどの隔たりがあることは確かです。動揺《エモワ》は混乱であり能力の激減です。そして「Regung 蠢き」は刺激であり、無秩序を呼び起こすもの、さらに騒乱です。また、これも語源学的調査で武装して申し上げますが、ある時期まで、ブロッホとフォン・ワルトブルクで言えば動揺《エモワ》の勝利の時代とちょうど同じくらいの時期まで、「騒乱 émeute」はまさに感動《エモスィヨン》の意味をもっていました。これが大衆の騒乱という意味をもつようになったのは一七世紀になってからです。

こうした一連の事柄に触れたのは、これらの言語学的な変異、ニュアンスが、動揺《エモワ》という言葉で第三の位置を定義するよう我々を導いてくれるということを皆さんに気づいていただくためでした。第三の位置と言いますのは、運動の軸で制止なる語が何を意味するかという方向での、第三の位置です。それは、困難さの軸でそれに当たる位置に塞がり《アンバラ》という名札を付けたのと同じことです。動揺《エモワ》は混乱です。まさに混乱することそのもの、運動の次元でもっとも深く混乱することです。塞がり《アンバラ》は到達した困難さの究極です。

では、これで我々は不安に辿り着いたことになるのでしょうか。この表(図4)の枡は、我々が不安に行き着いたと考えることはできないということを皆さんに示しています。

垂直方向に感動《エモスィヨン》と動揺《エモワ》で二枡を埋め、水平方向に妨げ《アンペシュマン》と塞がり《アンバラ》で二枡を埋めました。こことここが空欄で空いています。

これをどう埋めたらよいのでしょう。これこそ、不安の操作という点でもっとも意義のある主題です。

しばらくの間、これが何か、皆さんには謎のままにしておきましょう。

3

フロイトの制止、症状、不安という三つ組みに対して置かれたここまでの序論は、この三つ組みについて学理的に語るための整地された土地です。

我々はこれまでこの三つ組みに経験的な水準で言及し、把握してきましたので、これからこれを概念的な枠の中に据えてみましょう。

不安、それは何でしょう。これが一つの感動《エモスィヨン》であるということは退けました。不安を導入するために、私はむしろ、これは情動《アフェクト》であると言うことになるでしょう。

私の論が何を好み何を嫌ってきたか、その動きに従ってきた方々は、しばしば外見に欺かれて、おそらく、私が情動に対しては他のものに対するほどの関心を寄せていないと思っていらっしゃるでしょう。しかし、それは馬鹿げたことです。私は以前いつだったか、情動というものが何ではないかという点について言おうと試みました。情動は無媒介性において与えられる存在ではありませんし、また生の形の主体でもありません。それはまたいかなる場合も原始感覚的(protopathique)なものではありません。しかし私が情動に関して時として行ってきた指摘は、まさにこうしたことを言おうとしているのです。そして、だからこそ、情動は伝統的にも主体であるものと緊密な関係をもっているのです。そのことを次回、決して消すことのできない仕方で皆さんに明確化したいと思います。

一方、私がこれまで情動について言ってきたこと、それは、情動は抑圧されないということです。フロイトも私と同じことを言っています。情動は、解放され、そしてそこから情動は浮動するのです。情動は移動させられ、変調し、逆転され、代謝化され、見出されます。抑圧されるのは、情動を係留するシニフィアンの方です。

情動とシニフィアンとの関係について語るとすれば、情動の理論についてまる一年お話ししなくてはならないでしょう。これについて私がどう理解しているか、すでに一度お示ししたことがあります。怒りについて、そのことをお話ししました。

私は以前皆さんに、怒りとは小さなねじがねじ穴に入らないときに主体に生起するものであると言いました。これは何を言わんとしているのでしょうか。〈他者〉の次元、シニフィアンの次元について言えば、つまり、つねに多少とも信頼とか誠実さとかに関わる次元について言うならば、規則どおりにゲームがなされないということ、まさにこれが怒りを呼び起こすのです。

何か皆さんが没頭できるものを示して終わるために、一点だけ指摘しておきましょう。それは、アリストテレスが情念についてもっとも巧みに扱っているのはどこかという点です。おそらく何人かの方はアリストテレスが情念について書いているくだりをご存知のことと思います。『弁論術』の第二巻です。

情念について最善のことは、修辞の網で、修辞のネットでとらえられます。これは偶然ではありません。先ほど黒板に書いたいくつかのシニフィアン、これがそのネットです。だからこそ、私は皆さんにお示ししようとした最初の言語学的な位置づけにおいて、ネットについてお話ししたのです。

私は、不安について語るべきことの前に、情動についての一般的理論を置くというようなドグマティックな道を選ぶことはしませんでした。なぜでしょうか。ここにいる我々は心理学者ではなく、精神分析家だからです。

私は皆さんの前で「心-理学《プシコ・ロジー》」、つまりプシケと呼ばれる非現実的な現実に関する論を展開しようとは思っていません。そうではなくて、「性理学《エロトロジー》」という名こそふさわしい一つの実践についての論を語ろうとしているのです。問題なのは欲望です。我々はある情動を介して、この実践についての論がその帰結として、しかも一般的帰結ではなく普遍的な帰結として含んでいる情動の理論を取り出そうとしているのです。そのある情動、それが不安です。

我々は不安という刃の上にこそ立ち続けなくてはなりません。次回、皆さんをもっと先までお連れしようと思っているのも、またこの刃の上においてなのです。

一九六二年一一月一四日

訳註

（1）原文では poire d'angoisse. 拷問者や暴漢が用いた鉄製の梨形猿ぐつわのこと。この句を直訳すると「不安の梨」となり、このセミネールのテーマ「不安」の語が含まれる。

（2）Gabriel Marcel（1889-1973）：フランスの哲学者、劇作家。

（3）Leon Shestov（1866-1938）：ロシアの哲学者、批評家。本名 Lev Isakovich Schwarzmann. ロシア革命後、パリに住み、神秘主義義的実存主義の立場から不安の哲学を説いた。

（4）Nikolai Aleksandrovich Berdyaev（1874-1948）：ロシアの哲学者。一九二二年パリに逃れ、東方神秘主義の精神に根ざした独自の文化、宗教哲学を展開。

（5）désarroi の語源は中期フランス語 desarreier.「乱す、めちゃくちゃにする」の意。

（6）後期ラテン語、「足かせをはめる」の意。

（7）Kurt Goldstein（1878-1965）：ドイツ、アメリカの神経学者、精神医学者。ナチス政権に追われ、一九三五年に渡米。

（8） Walther von Wartburg（1888–1971）：スイスの言語学者。
（9） 本訳書下巻末、ミレールの「説明」に smagare に関する解説がある。

Ⅱ　不安、欲望の記号

単純性の理想
ヘーゲルとラカン
〈他者〉の欲望の五つの定式
割り算と余り
私はお前を欲望している。たとえ私がそのことを知らなくても

不安について私の論をさらにもう少し進めようとしているこの時点で、ここにおける教育とは何かという問いを私が立てるのは、理にかなっていると思います。

この部屋にいる我々はほとんどみな原則的に分析家であり、精神分析的経験こそが、聴衆である皆さんに向けてお話しする際の参照点となっています。ですから、教育とは何かという点について我々が抱く考えは、どうしても、分析家はいわば解釈者である――我々はこれを忘れるわけにはいかないのですが――ということからの影響を免れることはできません。

分析家は半過去という極めて本質的な時制において機能します。すでに何度か、知るという動詞に様々な主語を付して、この半過去という本質的な時制について強調したことがあります。「彼は知らなかった il ne savait pas」「私は知らなかった je ne savais pas」などです。「知られていなかった on ne savait pas」という言い方でこれをまとめ

ることによって、主語についてはどれと決めないでおくことにしましょう。

この「知られていなかった」に対し、分析家は何かを知っているとされています。分析家がそれについて少しは知っていることを認めない理由はありません。しかし、彼が知っている事柄、それを彼は教えることができるのでしょうか。いや、ここで問題なのはそのことではありません。少なくともそのような問いは先を急ぎすぎた問いです。我々がいるこのような場があるという事実、そしていつからか私がこの場で果たしている役割、それが、ある程度は、この問いに決着をつける一つの方法となっています。うまい答え方か否かはさておき、ともかくこれはこの問いに決着をつけています。

しかし、実は違うのです。問題なのは、知っていること、それを教えるとはどういうことかという点です。

1

教えることになっているもの、それを、知らない人にではなく、知ることの「できない」人に教えるというとき、教えるとはどういうことなのでしょうか。問題がそういうことなら、我々分析家もある程度まで同じ困難を分かちもっているということを認めなくてはなりません。

これはいわば仮の足場なのですが、この仮の足場がどこへとつながっているかをよく見てみましょう。

もしこの仮の足場がなければ、分析の教育というもの、つまりこのセミネールそのものが、スーパーヴィジョン[1]において行われていることの延長として捉えられるものとなってしまうでしょう。スーパーヴィジョンでは、もたらされることになるものはあなた方自身が知っていることです。そして、この仮の足場がなければ、私はただ、解釈と同類のものをもたらすためにのみ介入しているということになってしまいます。解釈、つまりあの付加物、それによって何かが現れ、皆さんが知っていると信じているものに意味を与えるあの付加物、知の限界の向こう側においてこそ把握可能な何かを光のもとにもたらすあの付加物です。

それでも、経験をもっている者たちの中で、つまり精神分析家の中で、集団的ではなく、共同体的な彫琢の作業によってある知が構成される、その程度に応じて、ここで行われているような教育の場が保証されます。確かに、分析経験から導かれた分析理論と呼ばれる一連の文献があります。ですから、私は、しばしば意に反することではありますが、それらを引き合いに出しています。そして、まさにそうした文献があるために、私は単なる収集を越える何か、分析理論の収集を通り越して、その源を構成しているもの、つまり経験へと我々を近づけるような何かをしなくてはならなくなるのです。

ここに一つの曖昧さが現れます。この曖昧さは、ここに分析家でない方々も混じっているという点にのみ起因しているわけではありません。そのことに大した不都合はありません。なぜなら分析家でさえ、必ずしも分析的でない立場で、姿勢で、また分析的でない期待をもってここに来ているからです。精神分析の内部で作られた理論には見かけよりもずっと多くの様々な種類の「分析‐外的」と形容できるような参照、例えば心理学化するような参照が行われています。この事実に分析家もまた十分に条件づけられています。

私がこの素材——私の聴衆という素材、私の教育の対象という素材——に関わっているというそのことだけで、私は自ずと共通の経験を参照しないわけにはいきません。この共通の経験こそ、すべての教育的伝達を可能にする経験なのです。それはつまり、私は、先ほど私が解釈的と呼んだ純粋な立場にとどまることはできず、もっと大きな相通ずる立場に移動し、「了解《コンプランドル》させる」領域に身を投じ、厳密に分析的な経験の向こう側に至る経験を、皆さんに呼び起こさなくてはならないということです。

この点に注意を喚起しておくことは重要です。なぜなら、了解《コンプランドル》させることは、ずっと、もっとも広い意味の心理学における躓きの石であるからです。病的な意識に関するブロンデルの著作が扱っていた主題は一時極めて独自性のあるものと見えましたが、そうした主題にそれほど重きを置くべきではありません。その主題とは、了解《コンプレアンシオン》には限界があり、病者の体験を正当に、また現実に了解していると考えてはならないというものです。しかし、我々にとって重要なのはこの種の限界についての問いではありません。不安についてお話ししている今、この種の限界についての問いは、我々としてはむしろ答えずに宙吊りにしている問いの一つです。

実際には、問題はむしろ、我々が不安という項目のもとに様々な経験を包摂するとき、どのような根拠でそれを行っているかということです。様々な経験、つまり、キルケゴールに導かれた熟考に従って我々が到達する不安、そして正常域周辺の不安、また、時に我々をとらえるはっきりと病的な不安——場合によって我々は様々な程度に精神病理学的に位置づけられる体験の主体となるからですが——さらに、我々の通常の対象素材である神経症者において我々が関わっている不安、また、例えば倒錯者とかさらに精神病者の経験のような、我々にとってより辺縁的な経験として描写することができ、その根源に位置づけることのできる不安、そうした不安に至るまで、広い範囲に広がる様々な経験です。

この相同関係が、構造的類縁性によって正当と認められるとすれば、それは、ある種の危険を伴うような根源的了解の動員によってでしかありません。つまり、その了解が経験に基づく了解ではなく、一つの権限に基づく了解であるということを忘れてしまう危険、さらには、了解が参照している諸経験、例えば倒錯者とか精神病者の経験について、それはこういうものだと過剰に推測してしまう危険です。

こうした見地に立てば、どんな人に対しても、彼が了解できたことについてあまり信じ過ぎないよう警告しておくことが望ましいということになります。

前回皆さんにお話しした一連のシニフィアン的要素が重要性をもつのはまさにここです。構造的関係の中にそれらを置くことによって、私はこれらのシニフィアンから了解できる内容をできる限りそぎ落としましたので、これらのシニフィアンは、了解に騙されないために必要な水準を維持する手段となっています。ただ、その際、我々が進む方向として、ある程度意味をもついくつかの用語を残しておきました。このことは情動《アフェクト》のことが扱われているときには特に強調しておかなければなりません。なぜなら、私は情動という分類の一要素を拒みはしなかったからです。つまり不安は情動なのです。

教える者の視点からすれば、こうしたテーマにアプローチする方法としては、様々なものが提唱されています。我々は、大雑把に、つまり大きくつかむという仕方で、この方法を三つの見出しのもとに分類することができましょう。

まずカタログという方法です。情動に関して、この方法の本領は、それが何を意味するかというだけでなく、この範疇を設けることで何が言わんとされているかについても汲み尽くすという点にあります。この方法は、まさに教育という主題について教育することを可能にするものです。しかももっとも広い仕方で。そして、この方法は、精神分析の内部で我々に教えられてきたものを、外から我々に与えられたものに接続させることを可能にするものです。それはそれでいいではないですか。実際、外部からの非常に多くの寄与がありました。私は決して、情動のカタログの中に、つまり情動をめぐって今まで作られてきた様々な理論に不安を入れることを拒んでいるわけではありません。

情動の分割という点で、事態を切断のいわば中点で捉えるためにおあつらえ向きの概念があります。はっきりと名を挙げて言うなら、それは聖トマス・アキナスの書にある概念で、彼が創案したものではありませんが、情動をconcupiscible（色欲に関わる）とirascible（怒りに関わる）とに分割する考え方です。定立、反定立、結論というスコラ的討議の形式で進められる長い議論の中で、トマス・アキナスは、この二つの内のいずれが他方に対して一次的かという点を問い、そして、いくつかの見かけ、さらにいくつかの参照点からして、そうは見えないのにもかかわらず、

irascibleはつねにどこかでconcupiscibleの連鎖の中に組み込まれているとし、いかにして、またなぜconcupiscibleの方がirascibleに対して一次的であると結論づけられるのかを論じています。この議論は、我々の役に立つことになるでしょう。なぜなら、この理論は、それが結局すべて至高善という想定に依拠してさえいなければ、おそらく我々にとって極めて受け入れやすいものであるからです。至高善という概念については、もちろん我々としては批判すべき点がたくさんあるのですが。これから、この理論のどの部分を活かせばいいのか、つまり、この理論が我々にとって何を明らかにしてくれるのかということを見ていくことになるでしょう。皆さんも、この理論を読んでほしいと思います。何を参照すればいいのか、適切な時にお伝えしましょう。そこに、我々は、我々自身の省察の糧となる多くの素材を確実に見出すことができます。逆説的なことですが、これは、もっと時代を下ったところの近代的発展、つまり、はっきりと言えば一九世紀の心理学、実験的と自称する心理学の発展におけるよりもはるかに多くの糧を見出すことができるものです。おそらく、こうした心理学が実験的と自称するのは完全に正当というわけにはいかないでしょう。

しかし、このカタログという方法には、我々を情動の分類に向かわせるという不都合な点があります。経験が教えるところによれば、これに深く与することは、分析という我々の領域においては、明白な袋小路に行き当たることにしかなりません。たとえ、先に私が理論という言葉で区分した分析特有の部分にだけ重きが置かれたにしても、袋小路に至ることに違いはありません。この袋小路についての見事な例を我々はデイヴィット・ラパポートの論文に見ることができます。『International Journal 国際精神分析学雑誌』一九五三年の第三部、第三四巻に掲載されている論文です。この、情動の精神分析理論を企図したテキストは、それが至ることになる痛ましい結論によって、実に範例的なものとなっています。著者はそのことをつつみ隠そうともしていません。論文がこのタイトルで書かれているのを見れば、我々もいや応なく、分析家が情動について考えるべき何か新しいこと、独創的なことが書かれていると期待するではありませんか。結果は驚くべきものです。著者はただ、精神分析の内輪だけで通じるこの情動という語の含意について、カタログを作っているに過ぎません。そして結局、著者は、それらの含意が相互に還元できないものであることに自ら気づいているのです。

第一に、実質的に欲動の発射、解放を構成するものとして理解される情動という含意です。第二は、フロイトのテキストよりも先を行くと著者が言う考え方で、情動を本質的に葛藤的な様々な相期における緊張とする含意、つまり緊張の種々のヴァリエーションという含意です。第三には、フロイト理論の局所論を参照することによって、情動は外部からの危険に対するエゴの場における信号として定義されています。重要なのは、分析の議論の中に最近加わってきた著者たちにおいてさえ、これらの三つの意味のいずれが優位なものかという点で、様々な仕方でそれぞれ優位性を奪還しようと議論が続けられているとラパポートが言っている点です。この著者がこれ以上のことを言うことができなかったという点こそ、カタログ式と言われている方法が、結局、何らかの深いアポリアの刻印を帯びざるを得ず、また袋小路に、さらには特有の不毛さに至らざるを得ないということを示すものです。

さらにもう一つ、別の方法があります。方法のことばかり長々とお話ししていることをお許しください。しかし、まずこの点を片づけておくことは、ここでしていることの適時性という点で大いに利点があるのです。不安に関連して、方法のことをもち出しているのには、やがてお分かりになると思いますが、それなりの理由があります。これからお話しするもう一つの方法を、先の方法に付した用語、カタログと韻を踏ませ、アナログ(類型化)の方法と呼ぶことにしましょう。

アナログの方法は、いくつかの水準を識別するよう、場合によっては我々を導くことになったかもしれません。ここでは特に触れませんが、この種の類比の試みについて記した一つの著作があります。そこでは、不安が、それぞれ、生物学的、社会学的、「文化的(culturally——この本は英語で書かれていますから、まさにそう書かれているのですが)」なものとして捉えられ、章ごとにそれぞれについて書かれています。あたかも、それぞれ独立していると考えられるいくつかの水準に分けられるアナログ的位置を取り出せば、それで十分とするやり方です。まさに、分類ではなく、むしろある種のタイプを取り出すということがなされているに過ぎません。

このような方法がどういうところに行き着くかはよく分かっています。それはいわゆる人間学へと至るのです。我々が進むことのできる道の中で、人間学はもっとも危うい前提を最大に含んでいる道です。人間学がその刻印としてもっている折衷主義によって、このような方法はつねに必然的にユング主義という中心核へと至ってしまうのです。あるいは少なくとも我々が我々の言い方でユング主義と呼んでいるものへと至ってしまうのです。もっとも、ユングという語が、あの卓越した位置を占めた個人を必ずしも指しているわけではありません。心配(anxiété)という主題に関する限り、そういう捉え方は分析経験で問題となっていることとはかけ離れたところにあります。

逆に、経験は我々を第三の道へと導いています。私はこの道を鍵の機能という指標のもとに置くことになるでしょう。鍵、それは開けるものであり、開けるために機能するものです。鍵とは形であり、その形によってシニフィアン機能そのものが機能したりしなかったりするのです。

私がこう申し上げていること、鍵を特別なものとして取り上げていること、我々が身を任せることのできるものとしてそれを導入していること、これは決して単なる推測の結果ではありません。

このことを正当化してくれる道理、十分に説得力のある説明、とりわけ教育を職業としている方にとっては説得力のある説明として、鍵という次元が分析の教育であれ何であれすべての教育と本性を共にしているという点を挙げることができましょう。

実際のところ、単純性の理想と私が呼ぶものに依拠しない教育など教育ではないとすら言っていいと思います。私が教えていることについて私がこう言うのを聞けば、驚く方がいらっしゃるかもしれませんが。

2

情動に関するいくつかのテキストを見てきましたが、これらを追っているうちに、何を探しているのかよく分からなくなってしまいました。我々分析家が何を考えているのかということが、分からなくなってしまったのです。

これでは、まったく不満足な帰結です。多くの反論を生み出すでしょう。実際どんなテーマであっても、単純性への還元という理想を我々が満たすよう要請してよいはずです。

これは何を意味しているでしょう。科学——ここで科学と言うのは、科学的省察が我々の分析経験とは異なる事柄を、そしてより広い領域を覆っているからですが——というものが登場して以来、なぜ、可能な限りの最大の単純性が要請されるようになったのでしょう。どうして現実界は単純でなければいけないのでしょうか。いったい何が我々に、現実界は単純であると、たとえ一瞬にせよ想定させることになったのでしょうか。

それは、昨年度のセミネールの第一部でそれについて強調した、あの主体に関する「initium 端緒」に他なりません。つまり、主体そのものの出現は、シニフィアンの最初の導入、もっとも単純なシニフィアン、一なる切痕《トレ・ユネール》と呼ばれるシニフィアンの導入なくしては考えられないということです。

一なる切痕は主体以前にあります。「はじめに言葉ありき」とは「はじめに一なる切痕ありき」ということです。教育可能なものはすべて、あの特別単純な「initium 端緒」の痕跡を帯びているのです。単純性の理想を、我々分析家の目にとっても正当なものとしてくれるものがあるとすれば、それはただこの点のみです。

「simplex 単一性[2]」、切痕の単数性、現実界がそれを望んでいようといまいと、我々はこの切痕の単数性を現実界の中にもち込むのです。一つ確かなこと、それは、この切痕の単数性が入るということ、ひとは我々分析家を待たずしてすでにその中に入っているということです。すでに何世紀か、それでも議論を続けてきた主体たちは、彼らと現実界の間にはシニフィアンの領野があるという条件とそれなりに折り合いをつけなければならなかったのですが、そのことがすでに、この道によってなされていたのです。なぜなら、彼らが主体として構成されているのはこの一なる切痕という装置によってであるからです。この切痕の印《しるし》を我々の領野の中に見出したとして、どうして驚くことなどありましょうか。我々の領野は、まさに主体の領野なのですから。

分析においては、しばしば、我々が作り上げ、了解することのできること以前に、何かがあります。それを、私は〈他者〉、大文字の〈他者〉の現前と呼ぶことになります。自己分析というものは、それを想像することはいくらでもできますが、実際にはありえないものです。〈他者〉がいるからです。はるかに遠い射程をもつもの、つまり不安について私がすでに指摘した点が置かれているのも、これと同じ道の上、これと同じ方向において、なのです。

私は皆さんにこの点についてある一つの関係をお示しすることから始めました。この関係についてはこれまで輪郭を示す以上のことはしていません。前回、私自身が登場するある情景によって、その輪郭を思い出していただきました。大きな雌カマキリの前で小さくなって塞がっている《アンバラッセ》(困惑している)私が登場する話です。しかし、これが〈他者〉の欲望と関わりをもっているということを明確にお示しし、私はすでに、この関係についてある程度お話ししてきました。

我々が不安の中にいるとき、我々は〈他者〉の欲望とどのような関係をもっているか、その点を知ろうとする前に——私はこの〈他者〉を大文字の Autre という意味で〔〈　〉を付して〕〈他者〉と表記しています——この〈他者〉の欲望に近づくために、私は、これまで切り拓いてきた道をもう一度辿ることにいたします。

私はこう言いました。人間の欲望、それは〈他者〉の欲望である、と。

先の地方会の折にこの点についてお話ししたことへと、ここでもう一度立ち戻ることができないことをお許しください。だからこそ，例のテキスト[3]が無事に私のもとに届き，皆さんにお配りできるようにとあれほどこだわっていたのです。そのテキストでは，〈他者〉の欲望が何を意味しているか，「〈他者〉の欲望」の「の」，この属格の目的格的な意味について，文法的分析が扱われていました。これまで私のセミネールに出席していらした方々はこの目的格的な意味を位置づけるための要素をすでに十分におもちかと思います。

先回，はじめに，その朝私の手に届いたある研究論文のことに触れました。その論文は，弁証法的理性と呼ばれているものを構造主義的次元においてもう一度問い直そうとするものでした。構造主義的次元とは，まさにレヴィ＝ストロースが置かれている次元です。この論争を切り抜けるために，そして自身の迂回路へと入り，彼自身の精神分析的視点のもつれを解くために，その著者は，私が欲望の支えとしての幻想についてお話ししたことを参照しています。しかし，私に言わせれば，彼は，私が人間の欲望は〈他者〉の欲望であると言うときに何を言わんとしているかについて，十分には注意を払っていません。その証拠に，彼は，これをヘーゲルの定式であるとして片づけられると考えているようなのです。

確かに，『精神現象学』が我々にもたらしたものを歪曲せずにいる人間が誰かいるとしたら，それはまさに私でしょう。しかし，もしそこに，進歩――いや進歩という言葉を用いるより，これはヘーゲルに対する我々の跳躍ですから，むしろ跳躍と言った方がいいでしょう――を見出すべき重要な点があるとすれば，それは，欲望の機能に関する事柄です。

今年度論ずるべき領野のことを考えれば，この論文で行われているように，ヘーゲルのテキストを皆さんと一緒に一歩一歩追っていくというわけにはいきません。この論文がぜひ刊行されるといいと思っています。この論文はヘーゲルが欲望に関して言っていることについて極めて精度の高い知識を示しているからです。ここでは，著者がこの論文で見事に引用しているヘーゲルの原文のあるくだりを取り上げることもいたしません。しかし，私の聴衆の大半はヘーゲルを参照する機会が十分にあったであろうと考えて、何が問題であるかをお示しするために、直ちに次のように言っておくことにいたしましょう。つまり、ヘーゲルにおいては、我々は、我々の欲望が、欲望する者である〈他者〉に依存しているという点で、もっとも確実な仕方で、そしてもっとも明らかな仕方で意識としての〈他者〉と関わっているという点です。〈他者〉とは、つまり我々を見ている〈他者〉です。

それが私の欲望とどの点で関わっているのかという点については、皆さんもうすでに十分に察しがついているでしょう。その点には後で触れようと思います。今のところ、大雑把な反論をするだけにしておきます。

ヘーゲルにおいては、〈他者〉は私を見ている者です。このことはそれだけで戦いを引き起こします。それも、『精神現象学』の端緒に置かれたいくつかの基本的考察に従えば、ヘーゲルがもっとも純粋な威信と呼んでいるものの水準で、戦いを引き起こします。そしてこの水準こそ、私の欲望が関わってくる水準です。ラカンにとっては、なにしろラカンは精神分析家ですから、〈他者〉は構成された無意識としてそこにあります。〈他者〉は、〈他者〉に欠如しているもの、〈他者〉が知らないもののゆえに、私の欲望に関わっているのです。〈他者〉に欠如しているもの、〈他者〉が知らないものの水準においてこそ、私はもっとも実り豊かな仕方で関与させられるのです。なぜなら、私にとっては、私に欠けているものを私の欲望の対象として見出すという以外、他の回り道はないからです。だからこそ、欲望をあれと、つまりS、〈他者〉に対する主体の不可避の依存を表現しているSと結びつけ、それと対にすること以外、私の欲望に近づく方法はなく、また、何であれともかく何らかの対象に参照点をもつ欲望として私の欲望を維持することもできないのです。

この〈他者〉は、もちろん、この数年の講義を通じて、私の似姿である小文字の他者と峻別することに習熟してもらおうと考えてきた〈他者〉です。それは、シニフィアンの場としての〈他者〉です。それはとりわけ私の似姿でもあるのですが、しかし、そうであるのはただ、それが、最初に述べた独自の相違としての〈他者〉が創設される場でもあるからです。

ここで、私が書いたいくつかの定式について紹介しておきましょう。これらの定式が、すぐにその仕掛《マリス》けが分かるような代物でないことは、十分承知しています。今日のところは、先回と同じように、まずはこれを書き留めておいていただきたいと思います。書き留めておいていただくために、今年度は特にあれこれと黒板に書いているのです。これらの定式の働きについては、そのうちにお分かりになるでしょう。

定式1

$d(a) : d(A) < a$

ヘーゲルの意味では、欲望の欲望とは、ある欲望が主体の呼びかけに応じて答えることへの欲望です。それは欲望する者への欲望です。〈他者〉であるところの欲望する者、なぜ主体はこの欲望する者を必要とするのでしょう。ヘーゲルにおいては、極めて明確に、主体は〈他者〉が彼を承認するために、〈他者〉から承認を得るために、欲望する者を必要とするということが示されています。これはいったい何を意味しているのでしょうか。〈他者〉は何かを創設しているということ、そして、aという文字で示されているこの何かは、欲望しているものの次元で問題となる何かだということを意味しています。ここにこそ、すべての行き止まりがあります。承認されることを要求しながら、私は、私が承認されるところで、ただ対象としてのみ承認されるのです。私は私が欲望するものを獲得し、私は対象ですが、しかし、私は対象として自身を維持することができません。なぜなら私であるところのこの対象は、その本質において意識、「Selbst-bewusstsein 自己意識」であるからです。私は、この様式《モード》において、私が得られる唯一の承認の様式において、承認されるものとして自身を維持することができません。だからどうしても、我々の意識は二つの意識へと裁断されなければならないことになるのです。もはや暴力という媒介以外の媒介はありえません。ヘーゲルの欲望の帰趨とはこういうものです。

定式2

$d(a) < i(a) : d(A)$

ラカンの意味においては、あるいは分析の意味においては、欲望の欲望は、はるかに原理的に媒介へと開かれた仕方で〈他者〉の欲望です。少なくとも一見したところ、そのように見えます。

私が黒板に書いている定式は、皆さんが期待している方向とは逆の方向にすでにかなり遠くまで進んでいます。私は、実際、〈他者〉の欲望、つまり$d(A)$とこの欲望の支えである像との関係を書き表しているのです。この欲望の支えである像を私はためらうことなく$i(a)$で書き表しますが、それはまさに、この$i(a)$と$i(m)$という表記との間に微妙な関係があるからです。この$i(m)$によって私は習慣的に鏡像を書き表しています。

いつ、そしていかにして、またなぜ、この$i(a)$が鏡像でありうるのかということは分かっていません。しかし、それは確実に像です。それは鏡像ではなく、想像的なものの次元にあるものであり、その次元では、それは幻想です。この場合、私は、鏡像という表記と幻想とを重ねることにためらいを感じません。ですから、この欲望は、その像としての支えが〈他者〉の欲望の等価物であるという限りで、欲望なのです。まさにそのために、定式1ではここにあるコロンが、定式2ではこちら側に来ているのです。この〈他者〉はここでは棒線を引かれた〈他者〉として書かれています。なぜなら、それは欠乏によって特徴づけられるに至った〈他者〉であるからです。

この他にまだ二つの定式があります。しかし、二つしかありません。一つの項目としてまとめてある二つの定式は、同じものを、まず一つの方向で、そして次に回文配列的な方向で書き表す、二つのやり方に過ぎないからです。今日、これらの定式を解説できるかどうかは定かでありません。

定式3

$d(x):d(A)<x$

定式4

$d(0)<0:d(A)$

$d(a):0>d(0)$

さてここで、前者の定式が、不安こそヘーゲルの定式の真理を与えるものだということを明確にするためのものであることを、ご理解いただきたいと思います。ヘーゲルの定式は、実際は部分的で、偽の、仮の足場のようなものですらあります。私はすでに何度も『精神現象学』が想像的なものを中心に置いて出発していることから結果する倒錯についてお示ししてきました。このことの影響はとても深甚なところまで、例えば政治にまで及んでいます。奴隷の隷属は、絶対知に至るまでの多くの未来に満ちているということは、耳に優しくはありますが、しかし、政治的には、これは最後の最後まで奴隷は奴隷だという意味に他なりません。時には、ものごとをはっきりと言わねばなりません。ヘーゲルの定式の真理、それを与えているのはキルケゴールです。次回、定式3が意味していることについて注釈することから始めようと思っています。

4と記されている定式、ちなみに、この式に書かれているのはアルファベットの「o」ではなくてゼロ、「0」ですが、この定式はヘーゲルの真理ではなく、不安についての真理です。不安についての真理は定式2を参照することによってしか把握することはできません。精神分析的なものとしての欲望に関わる定式2です。

3

今日の話を終える前に、いくつか、指摘をしておきたいと思います。

ヘーゲルの定式と私の定式の間に何か類似するものが現れていることには、お気づきと思います。いかに逆説的と思われようとも、その最初の項は対象 a です。対象 a こそが欲望しているのです。

ヘーゲルの欲望に関する考え方と、私がここで皆さんに奨励している考え方との間に何らかの共通点があるとすれば、それは以下の点です。ヘーゲルによる「Selbst-bewusstsein 自己意識」の過程中の受け入れ難い弱点であるところのある時点において、対象であるものとしての主体は、抗《あらが》いがたく有限性の刻印を帯びていますが、ここで私が皆さんにお示ししている、欲望を込められた対象は、この点で、ヘーゲルの理論と共通のものをもっています。ただし、我々の分析的な考え方では「Selbst-bewusstsein 自己意識」の透明性を要請することはないということを除いて、ですが。これは、もちろん、一つの難しさですが、しかし、それは何も我々が踵を返さなくてはならないような難しさではありませんし、また、我々を〈他者〉との死を賭した戦いへと巻き込むようなものでもありません。

無意識の存在ゆえに、我々はこの欲望を込められた対象であることができます。このように有限性を刻印されているからこそ、我々の欠如、すなわち無意識の主体は、欲望であること、限局された欲望であることができるのです。無意識の主体は、見たところ無限です。なぜなら、つねに何らかの空を帯びているその欠如は様々な仕方で満たされることができるからです。もちろん、我々は分析家ですから、我々がこれをどんな仕方でも満たすことができるわけではないことはよく知っています。それがなぜか、そしてこれを満たす仕方がどんなものかについては、いずれ見ることになりましょう。

こうした視点においては、欲望の無限性の古典的でモラリスト的な側面、さほど神学的でない側面は、大いに割り引いて捉えられるべきものとなります。実際、この偽‐無限性はただ一つの事柄からしか帰結しません。幸いなことに、シニフィアンの理論のある部分は我々がこの事柄について考える一助となります。つまり、シニフィアンの理論はまさに整数の理論に他ならないということです。この偽‐無限性は、整数の定義に関わるあの一種の換喩、帰納法と呼ばれる換喩と結びついています。昨年、反復する〈一〉に関して強調しておいたあの法則です。しかし、我々の経験が我々に示していること、そして、我々の経験として与えられた様々な場、すなわち神経症者、倒錯者、そして精神病者という領野において私がお示しすること、それは、峻別されるべきものとしてのシニフィアン要素の継起が分析の果てにそこへと還元されるあの〈一〉が、〈他者〉の機能を汲みつくしてはいないということです。

それは、ここに二つの列の形で表したものです（図5）。この二つの列は、割り算の操作を表すものと見ることができます。最初にAがあります。シニフィアンの場としての原初的な〈他者〉です。そしてS、これはまだ存在していない主体であり、シニフィアンによって規定されているものとして位置づけられるべきものです。

この〈他者〉に対して、この〈他者〉に依存している主体が、商として書き込まれています。この主体は、〈他者〉の場におけるシニフィアンによって一なる切痕の刻印を帯びています。しかし、だからといってそれが〈他者〉を割り切れているということではありません。そこには、割り算の余り、剰余があります。この余り、最後の〈他者〉、いわば無理数要素、この結局は〈他者〉の他性の証拠、唯一の保証であるもの、それは*a*です。

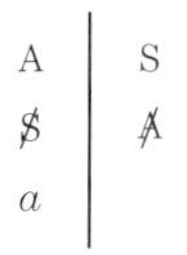

図5 割り算の第1のシェーマ(4)

だから、Sと*a*という二つの項、シニフィアンの棒線を引かれたSと、小文字の*a*対象、つまり〈他者〉をいわば割り算という操作にかけた後の余り、これらは縦の棒に対して同じ側、対象の側にあります。この二つは、両方とも〈他者〉の側にあります。なぜなら、幻想、つまり私の欲望の支えは、その全体性において〈他者〉の側にあるからです。一方、私の側にあるのは、私を無意識として構成するもの、つまり棒線を引かれた〈他者〉、私が到達しえないものとしての〈他者〉です。

いまから、皆さんをもっと先までお連れすることになるのでしょうか。いえ、今日はもう時間がありません。しかし、ここに組み込まれることになる弁証法のこの先について、これほど閉じられたままで、今日の話を終えるようなことのないようにしたいと思います。

この弁証法が要請する次の一歩とはどのような一歩でしょうか。私が、ここでの課題、つまり幻想の糧という点に関して何をもち込むことになるのか、説明しなくてはならないでしょう。私がこれから作り出すべきものについて、その意味をある指摘とともにすぐ描写することにしましょう。その指摘は皆さんがもっとも関心をもっていらっしゃる事柄――これを言ったのは私ではありません、フロイトです――つまり愛の経験との関係で有用性のある指摘です。〈他者〉との関係における欲望の理論について我々が到達した地点は、我々に次のような鍵をもたらしています。ヘーゲルの観点が皆さんに与えているかもしれない希望に反して、他者を征服するやり方は、カップルの一方が実にしばしば使う次のような手ではありません。つまり、「私はお前を愛している。たとえ、お前がそれを望んでいなくても」といったやり方ではないのです。

ヘーゲルが彼の学説のこのような敷衍の仕方について気づいていなかったなどと思わないでください。ある重要な註があって、そこで、ヘーゲルは、この点を出発点に彼の弁証法を進展させることもできただろうと書いています。そしてまた彼は、この道をとらなかったのは、この道が真面目《セリュー》さに欠けるように思われたからだとも言っています。彼は何と正しいことでしょうか。皆さん、この台詞（定式）を試してみてください。そして、うまくいったかどうかお聞かせください。

さて、もう一つの定式があります。この定式の方がより有効というわけではないのですが、おそらくそれは、ただこの定式がはっきりと口に出して言いにくいものであるからです。だからといって、この定式が口に出されないということではありません。それは「私はお前を欲望している。たとえ私がそのことを知らなくても」というものです。これがたとえ口に出して言いにくいものであったとしても、もし聞き届けられたとすれば、それはつねに抗いがたいものです。その点については私が保証します。

しかし、なぜでしょう。謎のままでこの問いを終わらせることはいたしません。

この定式が、言いうるものであると仮定しましょう。それによって私は何を言っていることになるのでしょうか。私は他者に、おそらく知らないままに、つねに知らないままにその人を欲望しながら、その人を対象として、私自身の知らない欲望の対象として捉えている、と言っているのです。欲望についての我々の考え方では、これはつまり、私はお前を、つまり私が話している相手であるお前を、お前自身に欠けている対象と同一化しているということです。私の欲望の対象に到達するために必須のこの回路を辿ることによって、私はまさに他者が探しているものを他者のために達成するのです。無垢な心であろうとなかろうと、私がこの回り道を採用するなら、そのようなものとしての他者、つまりここでは私の愛の対象は、必ずや私の計略にはまることになるでしょう。

この料理法をお伝えして、今日の話を終えることにいたします。では、また次回。

一九六二年一一月二一日

訳註

(1) 分析家と患者との関係が分析過程の中でどのように展開しているかを上級分析家が観察し、教育する制度。

(2) ここでは simplex という英語が使われている。一六世紀にラテン語から導入された英語である。simplex は complex と対置される語でもある。

(3) ラカン自身のテキストのこと。本訳書第六章、一一二頁参照。

(4) フランスでは割り算を次のような書き方で進める。

割られる数	割る数
	商
余り	

157	12
−12	13
37	
−36	
1	

Ⅲ　宇宙から「不気味なもの」へ

鏡像的なものとシニフィアン
世界から世界の場面へ（1）
ハムレットと劇中劇
レヴィ＝ストロースの平静さ
どんなものもファルスの空白に

私が、我々の対話の中で、何らかの現下の問題に関わっていることをつねによしとしていることは、皆さんもお気づきでしょう。

結局のところ、現下のこと以外、何もないのです。だからこそ、いわば省察の世界で生きていくことはかくも難しいのです。実際、省察の世界では、大したことは起きていません。

こうして、私にはしばしば、どこかに疑問符の端っこが現れてはいないかと探し求めて、事を中断するということが起こるのです。この努力はほとんど報われません。だからこそ、誰かが質問を、特に真面目な質問をしてくれたときには、その機会を利用したいと思っていますので、宜しくお願いいたします。

1

以前のセミネールで、すでに二回ほど触れたあの人物との対話を続けたいと思います。ヘーゲルが欲望について言っていることと私の言っていることとの考え方の相違について、先回、私が強調したそのやり方について質問が寄せられています。

それは、私自身のディスクールにおいて達成されるべき止揚として、文字通り名指ししたうえで、それについて、もっと話すよう求める質問です。彼が求めているのは、鏡像段階(2)――つまり、ローマ講演で言われている鏡の像――とシニフィアンとの間をもっと明確に連接してほしいということです。その二つの間には断絶が残されているように見えるのです。もちろん、私の対話の相手は、断絶、断裂あるいは分裂という言葉が使われていること自体がすでに期待される答えそのものを示しているということに、気づいていないわけではないのですが。

しかし、これでは、言い逃れに過ぎないように思われるでしょう。だからこそ、今日は彼にきちんと答えようと思っているのです。

この点について答えることが、我々を今年度記述すべき事柄の道の上に置いてくれます。だからこそ、私はなおさら進んでそうしたいと思っているのです。不安は、実際、私がこれまで追求してきた論立てをもう一度辿らせてくれます。もう一度と言いましたが、それは、この数年私のセミネールに参加されている人々、そして毎回熱心にこの場に参加されていなくとも、私の書いたものを読んでいらっしゃる人々、そういう人々は、この断絶を満たし、この断裂を機能させるに十分な要素をいくつかすでにおもちかと思うからです。私は、これからいくつかの指摘をすることから始めますが、その指摘の中で、この点についてはお分かりになることと思います。

私は、私がこれまで教えてきた中に二つの時期があるとは思っていません。鏡像段階、つまり想像的なものに中心をおく時期があり、次に、私がシニフィアンについて発見をし、人々が私のローマ講演をもって時代を画すると考えているもう一つの時期がある、というように二つの時期があるとは考えていないのです。私にこうして向けられた質問に興味をおもちの方は、ぜひあるテキストを参照していただきたいと思います。このテキストはいまでは手に入りやすいものではありませんが、しかし、精神医学を対象としたきちんとした図書室にはきっとあるでしょう。L'Évolution psychiatrique に掲載された、『心的因果性について』と題されたテキストです。私の記憶が正しければ一九四六年、戦後すぐのものです。これを読んでいただければ、私がこの二つの領域の相互作用について昔から綿密に編み上げてきていることがお分かりになるでしょう。

このテキストについて長い間私が何も言わなかったことに、あまり驚く必要はありません。あれ以降、このディスクールがある程度の人々の耳に届くようにするためには、それなりの踏破すべき道のりがあったのです。心的因果性に関するこの話を最初にしたとき、それは決して簡単に聞き入れられたわけではありません。この話を最初にしたボンヌバルで、最近、会合がありましたが、そのときは、私が踏破してきた道のりについて何人かの人々にはご理解いただけたようです。そういうことですから、最初この話をしたときの聴衆の反応が相当に意外なものであったことを、皆さんに知っておいていただきたいのです。

当時の反応を表現するのにもっとも適切な言葉は、分析業界でよく使われている言葉、つまり、少し控え目ではありますが、両価性という言葉です。しかし、これでは、あのときの反応について表現するのに、あまりに不十分です。人々の期待とともに復興運動によって生き生きしていた戦後の時代については、皆さんの内の何人かは十分経験されていることでしょう。ですから、覚えていらっしゃると思いますが、あの時代のことに話が及びますと、当時まだ新しかったディスクールを個人的には理解できないわけではないはずの人々、極左と呼ばれる政治的位置におかれた人々、はっきり名を挙げるなら共産主義の人々が、その会合の際に典型的な反応を示したことを、私は思い出さないではいられません。その反応のスタイルは、よく使われる言葉で表現するなら、パリサイ人的なものでした。この言葉についてはちょっと立ち止まって考えなければなりません。なぜなら、それは、元来この言葉が使われた際にそれが指していた人々に対してまったく不当な使い方をされ、いまでは結局、侮蔑的な意味をもつようになってしまっているからです。(3) しかし、私はこのパリサイ人的という言葉をここでは丁重な意味で使っているのです。

共産主義的なパリサイ人の教義が、今日のフランスの状況の中で、少なくとも我々の世代にとって、どんな機能を果たしてきたか、我々はさんざん見てきたのですが、そうした機能が、その会合の際に、精神医学という小さなコップの中で、そこでもまた果たされていたのです。その機能とは、つまり、良きものであれ悪しきものであれ、ともかく一つの習慣の持続、つまり、確立されたある秩序が安逸と安全を得ることができるような習慣の持続を確実にする役目です。

要するに、私が、自分のディスクールが理解されるようになるのにはまだ長い期間がかかるということを、当時理解するようになったのはまさに共産主義者たちのおかげだと、証言しないわけにはいきません。だからこそ、私は沈黙を守り、私のディスクールを、経験がそれを理解するのをもっとも助けてくれるような領域、つまり精神分析という領域に浸透させることに専念してきたのです。その後どのような曲折があったかはここでは触れずにおきましょう。

しかし、これによって、皆さんが『心的因果性について』をもう一度読んでくださるならば、そしてとりわけ私が今日お話しすることになる事柄を聞いた後では、私の対話の相手が正当にも区別している二つの視点のそれぞれが登録される骨組みがすでにそこに記述されているのがお分かりになることでしょう。この二つの視点は、ここでは二色の線によって強調されています。一つ目は、Iという記号を付された垂直の青の線、そしてもう一つは象徴界のSを付された水平の赤の線です。

主体と小文字の他者との関係、そして主体と大文字の〈他者〉との関係、この二つは分離しているものではありません。このことを皆さんにお示しする方法はいくつかあるでしょう。しかし、ここでは、すでに私のディスクールの中で必須のものとして強調されてきたいくつかの契機を辿り直すことによって、いまからそれをお示ししようと思います。

黒板に描かれているのは、問題のいくつかの要素をそこに位置づけようとしたものですが、これは『ダニエル・ラガーシュの報告に関する注釈』の中ですでに公開されている図に他なりません。この図の中で、我々の主題と極めて緊密な関係にあるいくつかの項が連接されています。つまり、依存の機能です。これらの項はやはり『ダニエル・ラガーシュの報告に関する注釈』から引いてきたものですが、これは、それ以前の私の話、このセミネールの第二年目(4)に、それぞれ理想自我と自我理想という言葉で呼んでいたものに関してここでお話しした言説の中にも出てきます。

鏡像関係がいかにして然るべき場を得ることになり、また次のような事実に依存していることになるのか、思い出しましょう。つまり、主体が大文字の〈他者〉の場において構成されるという事実、また主体という目印がシニフィアンとの関係において構成されているという事実です。

鏡像段階の論証の出発点であった典型的な小さな像の中、鏡における認識というあの端緒となる経験において自己を見出した小さな子供が鏡像の中で機能する全体性として自己を引き受ける、あのいわゆる歓喜の瞬間、まさにそこで子供がする動きを、私は、ずっと前から取り上げてきたのではなかったでしょうか。この動きはつねにと言っていいほどよく見られるものですから、誰もが見覚えがあるでしょう。子供は振り返り、後ろで支えてくれている人の方を見るのです。子供の経験の内容を確認し、この瞬間の意味を再建しようとするなら、次のように言うことができるでしょう。大人の方に頭を振り返らせ、その人に承認を求め、再び像を見るこの動き、これは、彼を抱いている人、ここでは大文字の〈他者〉を代表している人にこの像の価値を認可することを要求しているように見えるのです。

もちろん、これは、大文字の〈他者〉との関係と、$i(a)$と記された鏡像の機能の到来との最初の繋がりを示すための、単なる手がかりに過ぎません。

しかし、それだけで終わりにすべきでしょうか。

私が対話の相手に一仕事お願いしたのは、クロード・レヴィ゠ストロースが彼の著書、『野生の思考』で推し進めたことに関して彼が抱いた疑念に興味があったからです。レヴィ゠ストロースのこの本は現下の話題《アクチュアル》になっていますが、これをお読みになれば、今年我々が扱おうとしている事柄とこの本との間に密接な関係があることがお分かりになるでしょう。

我々が、この著作で扱われていることに考察の手を進めなければならないとすれば、それは、精神分析的理性の援用がもたらした進歩の成り行きを明確に示すために他なりません。精神分析的理性、つまり、皆さんの中の多くがその前で立ち止まっているあの裂け目について答えてくれる、そういうものとしての精神分析的理性です。この裂け目は、クロード・レヴィ゠ストロースが、彼が分析的理性と呼ぶものと弁証法的理性とを対置させることで論を展開する中でずっと示してきた裂け目でもあります。

この対置を参照しながら、私は、今日切り拓くべき道への導入として、皆さんに次のような一つの指摘をしておきたいと思います。

私が『夢判断』というフロイト思想の出発点となる仕事から引き出してきたものを思い出してみてください。その時、私は、フロイトが、彼が「eine anderer Schauplatz もう一つの場面《セーヌ》」と呼ぶ場として無意識を導入していることを強調しました。最初から、つまり夢を出発点に無意識の機能を取り出したその時から、この「もう一つの場面」という言葉は本質的なものとして導入されていました。まさにそこにこそ、我々分析家の理性を構成している様式があるのだと私は思います。

この理性について、その構造を取り出す道を我々は探っているのです。まず、こう言っておきましょう。第一の時、それは、世界がある、という時です。ただこう言うだけにとどめ、私が皆さんに言わなければならないことを感じ取っていただきましょう。しかし、いずれこの「世界がある」には立ち戻らなくてはなりません。なぜなら、我々はまだ、これが何を意味するか知らないからです。

ここにあるこの世界、これこそ、分析的理性、クロード・レヴィ＝ストロースが優位性を付与しようとしている分析的理性が関わっているものです。この優位性によって、分析的理性は、世界に、結局は奇妙な均質性をもたらしています。そして、この奇妙な均質性は、皆さんの中で最も明晰な頭脳をおもちの方々を悩ませ、先に進めなくしているものです。そうした方々は、この均質性が、初歩的な物質主義（唯物論）と呼ぶべきものへと回帰することになるという点に気づかざるを得ないのです。こうした分析的理性の言説における極限では、構造の機能、つまり、クロード・レヴィ＝ストロースの言説によって強く表現されている組み合わせの機能は、結局はまさに、例えば脳の構造、さらに物質の構造と結びつくしかなく、一八世紀的な唯物論者の形式に従って、そうした物質の構造の裏打ちではないとしても、その複製を表現しているに過ぎないということになってしまうからです。もちろん、これが極端な見方に過ぎないことは分かっています。しかし、この見方は考えておくだけの価値のあるものです。ことさら明確に言われていますから。

さて、場面《セーヌ》（舞台）の次元、世俗的《モンディン》であれそうでないのであれ、宇宙的《コスミック》であれそうでないのであれ、場とは異なるものとしての場面（舞台）、そこには、観客というものがいます。この次元をもち出すのは、世界とは根元的に異なる場面（舞台）を皆さんにイメージしていただくためです。場面（舞台）においては、事物は、たとえ世界の事物であっても、言葉として言われることになります。世界のすべての事柄が、シニフィアンの法に従って場面（舞台）の上で演出されるのです。シニフィアンの法は、我々がどうやっても直に世界の規則と均質なものとして捉えることができない法です。

我々が主語として巻き込まれているディスクールの存在が、科学の到来にはるかに先んじていることは、あまりに自明です。彼が魔術的と呼んでいるディスクールと科学のディスクールの均質性を強調しようとするクロード・レヴィ＝ストロースの努力がいかに有益なものであるとしても、そこに差異、つまり切れ目がないと思い込む、そういう幻想をもつことはできません。この切れ目について言わなければならないことを我々は後ほどもう一度強調することになるでしょう。レヴィ＝ストロースの努力は、実際のところ、希望を排しているという点でこそ、すばらしいのです。

だから、まず、第一の時が、世界です。そして第二の時に、我々がこの世界をそこに登らせる場面(舞台)が登場します。場面、それは歴史の次元です。

歴史はつねに、場面(舞台)にかける、つまり演出という性格をもっています。クロード・レヴィ＝ストロースはこのことを見事に示しています。正確に言うなら、彼がジャン＝ポール・サルトルに対して答えている章、つまり、サルトルが、あの操作、先回私が歴史を担架に乗せる操作と呼んだあの操作を実現するために作り出した最後の展開に対して、レヴィ＝ストロースが批判を加えている章において、彼は見事にこのことを示しています。レヴィ＝ストロースは、歴史の機能というものは限られた射程しかもっていないことに、また、歴史の時間は宇宙的《コスミック》な時間とは区別されるべきものだという点に注意を喚起しています。そして、日付でさえ、歴史の次元においては、突然に他の価値を帯び始め、例えば「一二月二日」とか「ブリュメールの一八日」とか呼ばれるようになることを示しています。それはもはや皆さんが毎日めくっているあのカレンダーと同じカレンダーではありません。その証拠に、これらの日付は皆さんにとってもう一つの異なる意味をもっています。これらの日付は、カレンダーの他のどの日においても想起され、それぞれの他の日に、これらの日付の刻印、性質、そして差異と反復のスタイルを帯びさせているのです。

一旦、場面(舞台)が優位になるや、生起するのは、その場面(舞台)に世界のまるごとが上げられるということです。そして、ひとは、デカルトのように、「世界の舞台に登ろうとする時、私は仮面を着けて(larvatus)進む」と言うことができるようになるのです。

このことを出発点に、次のような問いを立てることもできます。世界、我々が最初に世界と呼んだもの、つまりまったくの無垢の世界は、世界が場面(舞台)からもう一度降ろされることにいったい何を負っているのか、という問いです。歴史の流れの中で我々が世界と呼んできたものは、背後に、重ねられた残滓をもたらします。これらの残滓は矛盾を微塵も気にかけません。文化が、世界であるとして我々に伝達していることは、世界のかけらの堆積、廃物庫です。そのかけらは、互いに相容れないものでありながら、次々と連なり、それでも各個人の中では、過剰なほどうまくいっているのです。

我々の経験に固有の領野は、この構造がもっている価値を正確に測定させてくれます。我々は、とりわけ強迫神経症者の経験において、この構造の深さを知っています。フロイト自身、早い時期から、強迫神経症者にはいくつかの宇宙的《コスミック》な様式が、最初の診察の時点からまったくの異質性を露わにしながら、矛盾のない仕方で共存していると指摘しています。要するに、我々が場面(舞台)を参照したその時から、現実的なものの中のコスミスムの世界とは何かという問い以上に正当なことはもはやないのです。我々が世界と信じて関わっているもの、それは単に、場面(舞台)がいわば巡回している間に、場面(舞台)から落ちた残余の堆積なのではないでしょうか。

この指摘は我々を第三の時へと導いてくれます。これは以前すでにちょっと示唆したことですが、その時は、その重要性を強調するだけの十分な時間がありませんでした。

2

我々はこのように場面（舞台）について話をしているのですから、我々分析家に考える素材を与えてくれた神話の働きの中で、劇というものがどんな機能を維持しているか、知っています。

『ハムレット』をもう一度取り上げ、これまで多くの著者たちの頭を悩ませてきた、ある決定的な点についてお話ししましょう。この主題については特にオットー・ランクが、あらゆる点で賞賛すべき一篇の論文を書いています。この論文が書かれたのがとても早い時期であったという点からしても、また、特に劇中劇に焦点を当てていることからしても、この論文は実に賞賛すべき論文です。

『ハムレット』において、登場人物ハムレットは役者たちとともにいったい何を場面（舞台）に上げているでしょうか。確かに、「mouse-trap ネズミ捕り」も上げられています。それによって王の良心を捕えるのだと彼が言っているネズミ捕りです。しかし、それだけではありません。とても奇妙な事柄が展開しています。特に次のような事柄です。私はハムレットについてすでにとても長い間語ってきましたが、これは、あの時期には、皆さんにお話ししようとは思わなかった事柄です。というのも、その話をしますと、我々は文学へと、精神分析的というよりは結局はハムレット的とも言うべき文学へと向かうことになってしまうからです。ハムレット学なるものがあることは、皆さん、ご存知でしょう。

役者たちが台詞を発し始める前にプロローグの形で、舞台で無言劇が演じられるとき、この場面はそれほど王を刺激しているようには見えません。この場面では、王の罪と見なされる仕草が王の目前で無言劇によって演じられているのですが。逆に、むしろ奇妙なことがあります。それは、ルシアーナスあるいはルチアーノという名の人物がこの場面に登場し、王を表している人物だけでなく――この王は、その台詞によればひとかどの王ということになってはいますが、実は喜劇の王です――王妃を表している人物に対しても罪を犯すとき、むしろハムレットの方が、感情の真の爆発、興奮の発作にとらえられているという点です。

この場面に注意を向けた著者たちは、みな、このルチアーノの異様な身なりは、件の王の身なりではなく、むしろハムレットの身なりであることを指摘しています。そしてまた、この人物が、喜劇の王の兄弟ではないという点も指摘されています。つまり、王とその人物との関係は、殺害が完遂するや王妃ガートルードを手に入れた簒奪者とハムレットの父親との関係と等しいものではありません。ルチアーノは喜劇の王の甥です。それは簒奪者とハムレットとの関係と同じです。

ハムレットがこの場面で表現していること、それは結局、彼自身が件の罪を犯しているということです。自身の欲望に火をつけることができず、父の亡霊、つまりゴーストの望みを結局は成し遂げることのできない――なぜそうなるかという理由については以前お話ししたことがあります――この人物は、何かに実体を与えようとしているのです。何か、つまり、彼の鏡像を通る何か、復讐を完遂するのではなく、復讐すべき罪をまずは引き受けるという状況の中に描かれる像を通る何かに、実体を与えようとしているのです。

ところで、我々は何を見ているのでしょう。復讐が不十分だということを見ているのです。ハムレットはこの幻影の効果の後、発作――その台詞の内容や台詞まわし、さらには役者たちがこの場面を演じるそのやり方などから、真の躁的発作と形容するのがふさわしい発作――にとらえられるのですが、その後、敵を射程に入れたとき、彼は結局、聞く者には逃げ口上としか感じられないことしか口にすることができません。彼は口実の背後に逃げ込みます。彼は、敵を捕えその場で天国へと送って志を遂げるには、あまりに聖なる時に捕えすぎたと言うのです。王は祈っている最中だったのです。

このことが何を意味しているのか、すべてを説き明かしてみせようとは思いません。もっと先まで行かなければなりませんから。この反応とは別に、以前、私は、まったく異なる本性をもつハムレットの同一化の射程についてお話ししました。それはオフィーリアとの同一化と呼んだものです。実際、次の瞬間、ハムレットは、我々が正当にも犠牲者の魂、自殺者の魂であると推論した、怒り狂った魂にとらえられています。この魂は、オフィーリアの父親の亡霊に対し生贄として捧げられたものです。というのも、オフィーリアの父親の殺害に続いて、オフィーリアはうちひしがれ、死んでいるからです。

これは、葬送の儀式が十分に遂げられていないとき、ある種の死に引き続いて起こる事柄に関する昔からの信仰と呼応しています。オフィーリアの父親、つまり、無視され、無に帰された対象がオフィーリアにとって何であったかが露わになるとき、オフィーリアがいかに復讐を叫ぼうと、何も鎮まりません。ここに我々は、フロイトが喪の機能の主要な動因として示した対象への同一化が露わとなって働いているのを見ます。これはフロイトだからこそ可能な喪についての仮借のない定義です。その定義とは、喪は、死者に捧げられた涙の背後にあるものであり、亡くなった人の現実を認めることなく死者が悔いとして残したことばかり思い出すというその事実が示しているように、非難の淵だというものです。

なんと驚くべき残酷さでしょう。それは、集団的な祭礼が今もなお活力を与えている、より原始的な儀式挙行のあり方の正当性を我々に気づかせてくれるものです。なぜ、故人が存在していたことを喜ばないなどということがあるのでしょうか。我々は、葬式の宴で素朴な人々がお決まりの無関心を酒で紛らしていると考えがちです。しかし、彼らがしているのはまったく別のことです。彼らは、故人が我々と同じようにただ生きているだけの者であったという一種の単純な栄誉に至ったことを、祝福しているのです。喪の対象への同一化、フロイトはそれをネガティヴな仕方で示しましたが、しかし、この同一化がポジティヴな局面をもっているということを忘れないようにしましょう。

私が女性の怒りの魂と呼んだものがハムレットへと入り込むことが、ハムレットにあの夢遊病者、すべてを受け入れる夢遊病者になる力を与えています。十分強調したことですが、すべてを受け入れるというのは、あの戦いの中で、彼の敵、つまり王との勝負で手を引かないハムレットが、レアティーズという彼の鏡像と対峙することまでを含んで、すべてです。この時から、すべての事柄が自然に流れていきます。まさにやってはならないこと以外は何もすることなく、最後になすべきことをなすまで、すべてが自然に流れていきます。つまり、彼自身、死に至る怪我をし、その後で王を殺すのです。

我々はここで、二種類の想像的同一化の間にある距離を測ることができます。$i(a)$への同一化、劇中劇の際に見るような鏡像への同一化が一方にあります。そして、他方に、より神秘的な同一化があります。謎が深まるのはそこからです。欲望の対象そのもの、aへの同一化、シェークスピアの筋立ての中で微塵の曖昧さもなくそのように描かれている対象への同一化です。なぜなら、ハムレットは、まさに欲望の対象として、あるときまで無視されていて、同一化の道を通って場面(舞台)へと再び統合されているからです。

ハムレットが対象として消えてしまうその程度に応じて、半過去の次元である遡行的な次元が重きをなしてきます。半過去、つまりフランス語においてそれが用いられる際の両義的な形における半過去です。私が皆さんの前で「彼は知らなかった」と繰り返し言う、そのやり方に力を与えている両義的な形です。この表現は、その時まで彼は知らなかったということと、そのちょっと後に彼は知ることになったということを同時に示しています。フランス語の欲望(désir)が desiderium(欲望／無くなったものに対する哀惜)に由来していることはそれなりに理由があるのです。そこには、それまであった対象に対する遡行的な認識があります。ハムレットの帰還が起こるのは、この道を通ってです。そして、これが、ハムレットの運命の先端、彼のハムレット機能の先端、こういう言い方を許してもらうなら、彼のハムレット的達成の先端なのです。

ここでこそ、私が第三の時と呼んだ劇中劇が、我々に、どこで問いを立てるのが適切かを示しているのです。この問い、皆さんはこの問いをずいぶん前からよく知っています。なぜなら、それは私が様々な角度から繰り返し更新してきた問いと同じ問いだからです。この問いは、欲望の対象としての対象の境位に関わるものです。クロード・レヴィ＝ストロースが魔術や神話の機能について言っていることはすべて価値をもっていますが、ただ、そこで扱われているのが、欲望の対象という境位をもった対象に対する関係であるということを、我々はよく知っていなくてはなりません。この境位はいまなお確立されていません。その点について私は同意しています。そしてこれを確立させること、それこそ今年、我々が不安への接近という道を通って進めなければならないことなのです。

しかし、まずは、この対象と認識論によって規定される対象とを混同しないことが重要でしょう。我々の科学の対象の登場はシニフィアン操作そのもののある有効性の発見によって極めて特異的に規定されています。そのことは我々の科学――この二世紀の間存在している科学のことを言っているのですが――の固有性が、私が先ほど対象のコスミスムと呼んだものに関する問いを開いたままにしているということを意味しています。宇宙があるということには、確証はもてません。なぜなら、我々の科学は、宇宙的《コスミック》な、あるいは宇宙化的《コスミシザント》な前提のすべてを維持することを諦める、その程度に応じて、進歩するものであるからです。

しかし、この参照点はやはりなお極めて必須のものですから、ひとは、次のことに驚かずにはいられませんでした。クロード・レヴィ＝ストロースが『野生の思考』において対象の現実のコスミスムの永遠性、永続性、恒久性を近代的形式で回復させながら、それにもかかわらず、彼が、安心と平静さ、そこから帰結するエピキュリアン的平静さをすべての人にもたらすことはなかったということに、です。ここで疑問として立てられるのは、そのことに満足しないのはただ精神分析家だけなのか、それともすべての人なのかという点です。私は、根拠はないのですが、それはすべての人だと思っています。問題はそれを説明することでしょう。

どうしてひとは、内容を抜かれたトーテミズム、情動的内容――こう言えばお分かりいただけると思いますが――を抜かれたトーテミズムを見ることでは満足しないのでしょうか。なぜひとは、新石器時代から――というのもそれ以上は遡れないからですが――世界が極めて秩序だっていて、すべてはこの秩序の表面の意味のない漣《さざなみ》に過ぎないということでは満足しないのでしょうか。言葉を換えれば、我々はなぜ不安の次元を保ち続けているのでしょうか。これには理由があるはずです。

保証されたコスミスムへの回帰と、歴史の悲愴性――我々としてはこれにもあまりこだわってはいませんが、それでもそれはそれなりの機能をもち続けています――の維持との間に一つの抜け道、二つを結ぶ道があります。この道は、まさに不安の機能を研究することによってこそ切り拓かれるものです。

3

以上のような理由で、私は皆さんに、鏡像的関係と大文字の〈他者〉との関係という二つの関係がどのようにして結びつくかということを思い出していただくよう、進めてきたのです。

あの論文の中で作り上げた装置、その論文の内容をここですべて繰り返すつもりはありませんので、ぜひお読みになっていただきたいのですが、あの装置は皆さんに次のことを思い出していただくためのものでした。それは、欲望についてのセミネールの最後に強調した点です。すなわち、鏡像的備給の機能は、フロイトが導入したナルシシズムの弁証法の中に位置づけられているということです。

鏡像への備給は想像的関係の基本的な契機です。この備給が基本的であるのは、この備給が限界をもっているからです。すべてのリビドー的備給が鏡像を通過するわけではありません。そこには残余があります。この残余がなぜこ

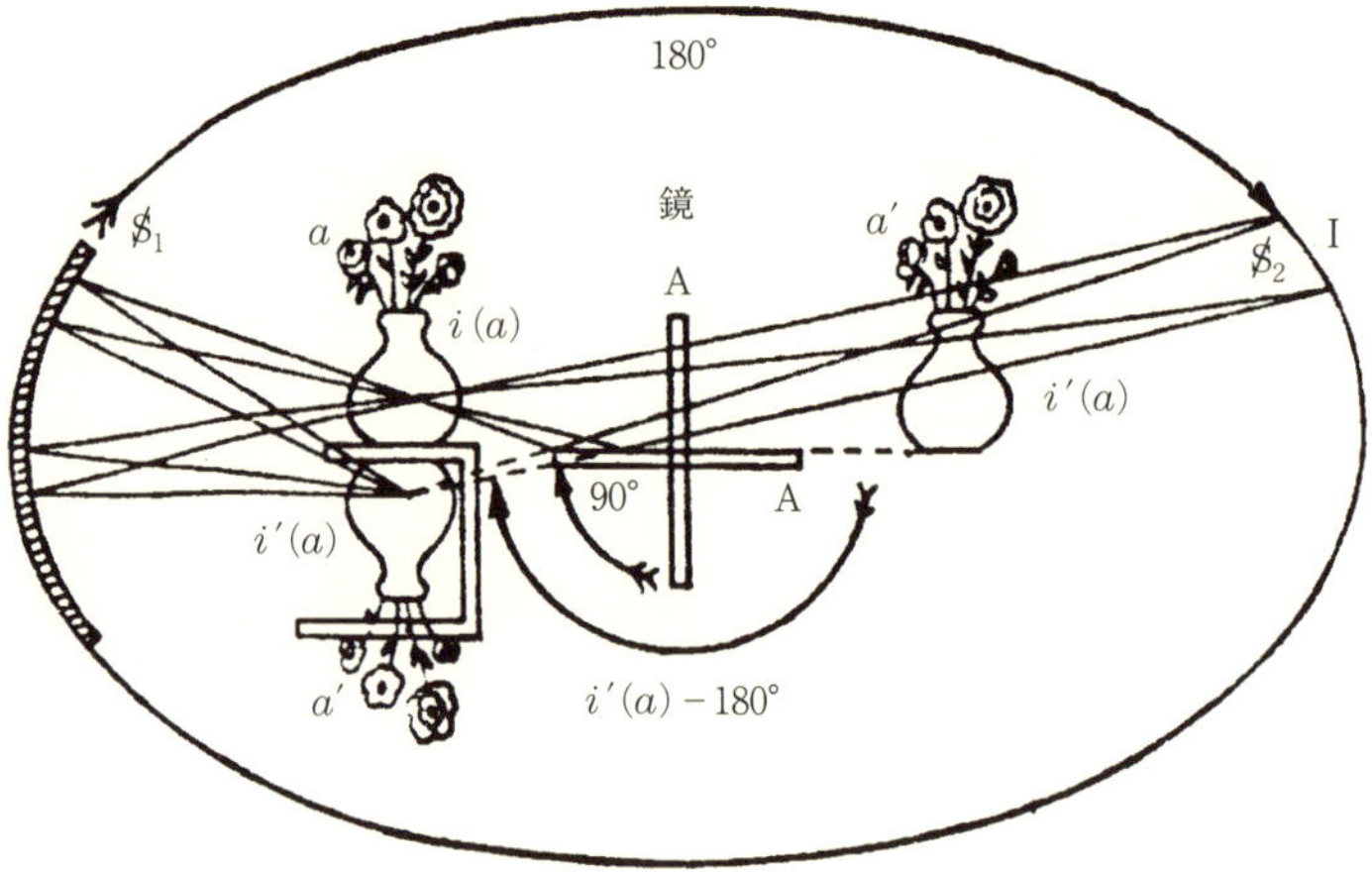

全体のシェーマ

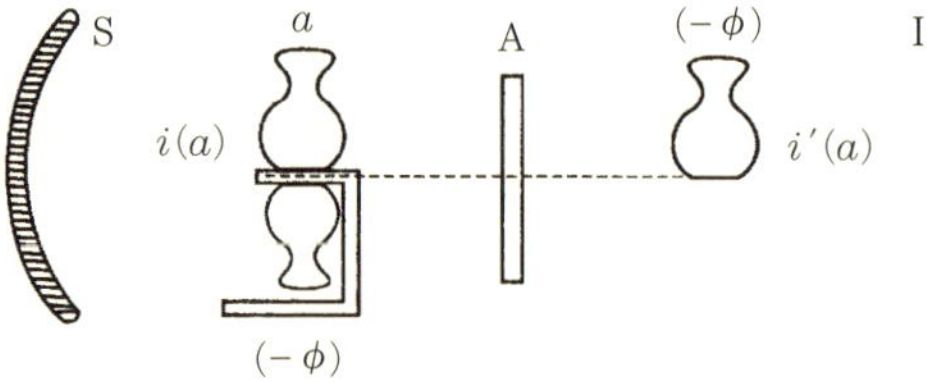

単純化されたシェーマ

図 6

の弁証法すべての要となるかということを皆さんにうまく理解していただければいいのですが。次回はここから再び取り上げて、どういう点でこの機能がファルスという様態において特権的なものとなっているのかを、これまでしてきたよりも明確な仕方でお示しすることになると思います。

　このことは、想像的な標識づけであるものすべての中で、ファルスはそれ以降欠如という形で現れるということを意味します。ここ、$i(a)$において、私が実像と呼んだもの、主体という素材内で機能する本来的に想像的な身体のイメージ、つまりリビドー化された身体のイメージが、実像化するその度合いに応じて、ファルスは、マイナスの形で、そして空白として現れることになるのです。ファルスは確かに操作上の貯留庫なのですが、それにもかかわらず、ファルスはただ想像的水準で表象されないというばかりではなく、鏡像によって輪郭づけられている、もっとはっきり言えば、切り取られているのです。

この弁証法に、要となる点を加えるために、私は昨年、トポロジーという両義的な領域から借りた形態をめぐって、ファルスについて論じました。トポロジーは想像的な事柄を極限までそぎ落とし、一種の超空間において機能します。このことは、この超空間が直感的要素を我々の手の届くところに残しながらも、純粋にシニフィアン的な連接によって成り立っていることを考えさせます。それは例えば、「クロス・キャップ」という奇妙でありながら極めて表現に富むあのイメージによって支えられている直感的要素です。

私はこの「クロス・キャップ」という曲面を、皆さんの前で一カ月以上あれこれと操作し、皆さんに、いかにして切断が二つの異なる部分を作り出すかをご理解いただこうとしました。一つは鏡像をもつ部分、もう一つは鏡像をもたない部分です。これがすなわち、$-\varphi$（マイナス・フィー）と小文字のaの構成との関係です。一方に、想像的には把握しがたい一つの貯留があります。それは、一つの器官、それ自身は完全に把握可能な一つの器官へと結びつけられているにもかかわらず、想像的には把握しがたい貯留です。この器官、道具は、それでも時々活動し、欲望の満足をもたらします。つまり、ファルスです。他方にあるのは小文字のa、その境位が鏡像から導かれる対象という境位から逃れている、つまり超越論的感性論の諸法則から逃れているあの残余《ルスト》、あの残滓《レジデュ》であるところのaです。この小文字のaの境位は、言葉で言い表すことがあまりに難しいので、分析理論における混乱のすべてがまさにここから入り込んできたのです。

この対象a、これまで我々がその構成的な諸性質をわずかに捉えたに過ぎない対象、そしていま、ここでまさに取り上げようとしている対象a、これこそフロイトが不安に関してその対象について語るとき、いつも問題となっているものです。曖昧さは、我々がこの対象aを鏡像的な領域においてしか描くことができないという点にあります。ここではまさに、こう言ってよければ、想像化作用(imaginarisation)のもう一つの様式を打ち立てることが問題なのです。そして、その想像化作用の中でこの対象は定義されるのです。これこそ、もし皆さんが、私にしっかりと、つまり一歩一歩ついて来ようとしているなら、やがて至ることになる点です。

皆さんにお話ししているこの論文の中で、私はどこを出発点に弁証法を見ているのでしょうか。大文字のSから、つまり可能性としての主体、人が話すとすればこれを取り上げないわけにはいかない主体(主語)[5]からです。この主体のモデルは、我々が、主体は話すという事実に主体を限定するという条件で、主体についての古典的考え方に見出すことができます。主体が話し始めるや、一なる切痕の機能が開始します。1、1、そして1、そして1と言えるということ、それが最初の同一化を構成します。つねに一つの1から出発しなくてはなりません。この論文のシェーマに描かれているように、まさにここから、$i(a)$と呼ばれる単位がそのものとして認識される可能性が登録されるのです。

この$i(a)$は鏡像的な経験の中で与えられますが、以前お話ししたように、この$i(a)$は〈他者〉によって真正なものとされるのです。このことを皆さんにお示しするのに役立てた例のオモシロ物理学実験[6]の諸項について、ここでもう一度繰り返すことはしませんが、実像の虚像である$i'(a)$のところには何も出現していないということだけは言っておきましょう。上に$(-\varphi)$と書いておきました。次回、ここに$(-\varphi)$をもたらさなければならないことになるからです。この$(-\varphi)$は、$i(a)$のもとで見えないのと同じくらいに、そこでも、見ることも、感じ取ることも、さらに現前させることもできないものです。なぜなら、それは想像界に入っていないからです。

欲望の原理的(principiel)な命運、欲望の最初の時間――それについては次回お話ししますが――は、幻想の関係として皆さんにお示しした関係($\$ \diamond a$)の中に要約されています。これは「S barré, poinçon, petit a《エス・バレ・ポワンソン・プティ・ター》」と読みますが、このポワンソンには、やがて他の異なる意味も込めることになります。

主体がIと書かれた場に、〈他者〉を介することなく、現実に在ることができるとすれば、主体は、もともとの鏡像の花瓶 $i(a)$ の位置にとらえるべきもの、つまり欲望の対象 a との間に関係をもつことになるでしょう。これら二つの柱、$i(a)$ と a は欲望の機能の支えです。欲望が存在し、人を人という存在として支えているとすれば、それは、$(S \diamond a)$ の関係が何らかの迂回によって接近可能であり、また、いくつかの技巧が我々を幻想が構成する想像的関係へと近づかせてくれるという限りにおいてです。しかし、それは、実際は決して実現可能なものではありません。ひとが目の前にもっているのは、私が図の中で $i(a)$ として表したものの虚像 $i'(a)$ でしかありません。凹面鏡による錯覚が左側に実像として作り出すもの、それについて人は、左側の花瓶には何も見ることなく、ただ右側にその虚像をもつだけです。小文字の a、つまり幻想における欲望の支えは、人間にとって彼の欲望の像を構成しているものの中には、決して見てとることのできないものなのです。

左側のこの像よりも手前に、a の現前があります。近すぎて見えませんが、しかし、これが欲望の「initium 端緒」です。像 $i'(a)$ が人を引きつけるのはまさにこれのためです。しかし、人が、自身の欲望の対象と信じているものへと近づき、それを囲い込み、愛撫すればするほど、より一層、人はその対象を迂回し、そこから外れます。これへと近づく道の途上で人がなすことのすべては、この欲望の対象の中で鏡像として現れているものに、ますます身体を与えることになります。これを進めれば進めるほど、ますます人の欲望の対象において、人は鏡像である原初の花瓶の無傷な面を守り、維持し、保護しようとすることになります。そして、不適切にも対象関係の完遂の道と呼ばれているこの道に人が踏み込めば踏み込むほど、ますます人は罠にはまっていくのです。

こうして我々は、いつ不安が現れるのかという問いに答えることができます。私が自然な――そう呼びますが――と形容する場、すなわち$(-\varphi)$の場に、何らかのメカニズムで何かが生じれば、不安が出現します。$(-\varphi)$の場は、左側で欲望の対象である a が占める場と右側において対応している場です。何かが生じればと言いましたが、それは、何でもいい何かという意味です。

いまから次回までに、今日お話ししていることを導入として、フロイトの論文『不気味なもの』(7)をぜひ読んでおいてほしいと思います。私はこの論文の注釈を試みたことはありません。この論文が不安という問題に迫ろうとする際に欠くことのできない鍵となる論文であることに、まだ誰も気がついていないようです。『機知』という論文によって無意識の問題に迫ったのと同じように、私は今年、『不気味なもの』によって不安に接近することになるでしょう。「l'unheimlich 不気味なもの」はマイナス・フィーがあるべきところに現れるものです。すべてはまさに想像的去勢から始まります。なぜなら、当然ですが、欠如のイメージというものはないからです。そこに何かが現れる時、それは、こういう表現が許されるなら、欠如が欠如しにくる時です。

こういう言い方は、まさに晦渋と言われる私のスタイルの極み、つまり気取りであると皆さんには思われるかもしれません。そんなことはどうでもいいのです。むしろ私は、皆さんにただ次のことだけお示ししたいのです。異常という意味では、実に沢山のことが生じますが、しかし、我々を不安にするのはそういうものではないということをしっかりと見て欲しいのです。すべての正常規範《ノルム》が突然なくなってしまったら、つまり、異常を、欠如をなすものとしているものが突然すべてなくなってしまったら、そして突然にそれが欠如しなくなってしまったら、まさにその時、不安が始まります。これをいろいろな事柄に当てはめてみてください。

ここで、私は皆さんに、不安に関するフロイトの最後の大論文『制止、症状、不安』で彼が言っていることをもう一度お読みになるよう、お勧めしておきます。私がお伝えしている鍵によって、皆さんは、フロイトが「対象の喪失」という言葉で言わんとしていることが本当はどういう意味であったのか、お分かりになることでしょう。

次回はここから始めますが、次回、今年度の我々の探求の真の意味について明らかにすることができればと望んでいます。

一九六二年一一月二八日

訳註

（1）原語は scène であり、この箇所では「場面」と訳しているが、本書の中では、文脈によって「場面」と訳したり、「舞台」と訳したり、さらには場合によっては「場面（舞台）」と訳したりしている。
（2）「止揚」の原語は dépassement. 弁証法における止揚（Aufhebung）のこと。
（3）「パリサイ人的なもの」の原語は pharisaïsme. パリサイ人の教義。通常、偽善的態度という意味で使われる。
（4）『セミネール』第一巻のこと。その前の年からすでにラカンはセミネールを始めていたため、第一巻は二年目に当たる。
（5）原語は sujet、ここは「主語」という意味が込められている。
（6）凹面鏡と平面鏡からなる花束と花瓶のからくりのこと。五八頁図6の「全体のシェーマ」参照。
（7）フロイトの論文の原題は das Unheimliche. 底本とした版では論文タイトルとして Unheimlichkeit と書かれているが、ここでは、フロイトの原題と理解し、通常の日本語訳を当てた。

Ⅳ　去勢不安の向こう側

交換部品となった対象
ホフマンの対象
対象 a はつぎ当て《ポスティシュ》されている
対象 - 要求
欠如していない対象

先回、我々のテーマについて明確化するために用いたあのシェーマを、黒板にもう一度書いておきました。

不安によって、不安の現象によって、さらには、私が皆さんに不安の場《プラス》として画定する仕方をお教えしようとしている場によって、分析経験における対象の機能について理解を深めなければなりません。

いまからすでに二年以上前、つまり一九六〇年の九月二一日にロワイヨモンのヘーゲル集会でお話しした発表をもとに書き直したテキストが程なく出版されることをお伝えしておきます。そのテキストで、私は次の主題を扱うことを選びました。『主体の転覆とフロイトの無意識における欲望の弁証法』です。私はこれが出版されることを私の教えにすでに親しんでいる人々に特にお伝えしているのですが、それは、彼らこそ、我々がその全体をグラフと呼んできたものの機能連関と構築の諸段階との関連で、このテキストに満足を見出すだろうと思うからです。このテキストは、他の発言——すべてが精神分析的なものというわけではありませんが——とともに、ロワイヨモンのすべての仕事を編集する責を負っているサン・ジェルマン通り一七三番地のセンターによって、近々一冊の本として出版されます。

今日、このお知らせが特に時宜を得ているのは、主体の転覆も欲望の弁証法も、対象の機能を枠づけしているものであり、この対象の機能こそ、これから我々がさらに深く探求していかなくてはならない事柄であるからです。

最近、新しくここに参加するようになった方々に、ロワイヨモンでのこの仕事に対する反応のような、強く敵対的とも言うべきああした反応が現れることはないと思います。この仕事は対象の機能、特に欲望の対象の機能について徹底的に問い直す仕事でした。驚いたことに、その反応は哲学者たちからのものでした。哲学者というものは不慣れなものに対してもっと耐性があると思っていただけに、これは驚きでした。彼らが抱いた印象は、彼ら自身の形容を借りるなら、悪夢のような、さらにはある種の悪魔信仰による迷論のような、というものでした。しかし、私が近代的《モデルヌ》と呼ぶことになる経験のすべては、いわゆる技術の時代——そう呼んだのは私が最初ではありません——が対象の覚知に関してもたらした大きな改変を伴っているのですが、その経験のすべては、次のような考想を示唆するはずのものではなかったでしょうか。つまり、対象についての言説はひどい曲折を介してしか近づくことのできない複雑な関係を必ず通過しなくてはならないという考想です。

例えば、交換部品と呼ばれる対象の単位を取り上げましょう。これは、分析的でないもっとも外的な経験において我々に与えられるものとして極めて特徴的ですが、これこそ、注目する価値のある何か、我々と対象との関係に関するノエシス的問いのすべてに新しい次元をもたらす何かなのではないでしょうか。結局、この交換部品とは何なのでしょうか。この部品がある型式に対して本来もっている用途以外の、その実体とはいったい何なのでしょうか。その型式は今のところ機能しているかもしれません。しかし、明日になればもう使われなくなり、よく言われるように、もはや更新されないのかもしれません。そうしたら、この交換部品はどうなるのでしょう。それはどんな意味をもつのでしょうか。

対象に対する謎に満ちた関係についてのこの概略は、今日、あのシェーマをもう一度取り上げるための導入として、決して無駄ではないでしょう。

1

このシェーマはいたずらに複雑化したものではありません。びっくりさせるようなところも、我々を緊張で硬くさせるようなところもありません。

この場、$i'(a)$において、〈他者〉の中に、すなわち〈他者〉のところに、我々自身をただ反映しているだけの一つの像が浮かび上がります。そして、この像が〈他者〉によって真正なものと認証されるのですが、しかしこのことがすでに問題含みであり、欺きがちなところです。

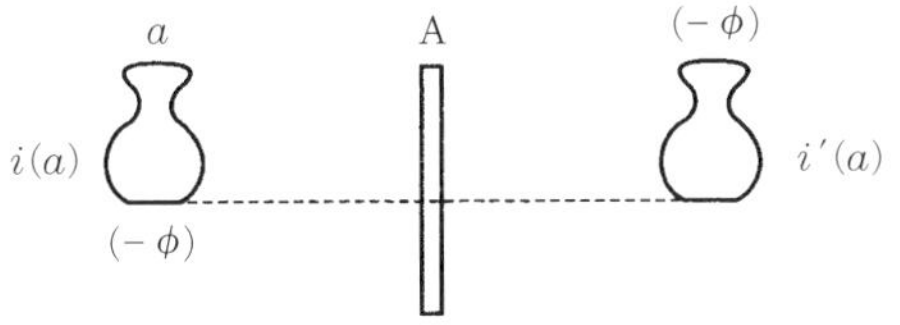

単純化されたシェーマ

図 7

この像は一つの欠如によって、つまり、そこで呼びかけられているものがそこに現れ得ないということによって特徴づけられています。この像は欲望を方向づけ、それに極性を与えているのですが、欲望に対して騙取の機能をもっています。欲望はそこでただ単に覆われているのではなく、本質的に不在と関係づけられているのです。

この不在、それは出現の可能性、他のところにある現前によって命ぜられた出現の可能性でもあります。その現前はもっとも近くでそれを命ずるのですが、しかし、自身が主体によって捕捉され得ないところから、そうしています。すでにお示ししたように、ここに言う現前は、aの現前、幻想の中で対象自身が果たしている機能における対象の現前です。

欠如の場、何ものかが出現することのできるこの欠如の場に、私は先回、ついでに触れるような形で($-\phi$)という記号を置きました。この記号は皆さんに、リビドー的な備蓄との関係、つまり投影されず、鏡像の水準で備給されることもない何ものかとの関係がそこに浮かび上がっていることを示唆しています。この何ものかは、鏡像へと還元できません。その理由は、その何ものかは自身の身体の水準、つまり一次自己愛《ナルシシズム》の水準、いわゆる自体愛《オートエロティスム》の水準、自閉的な享楽の水準で、強く備給されたままになっているからです。それは結局、そこにとどまり、他者への関係の中に道具として介入してくるものを時に活気づける栄養物なのです。この他者は、私のあの像を出発点に構成される他者、その形と規範を浮かび上がらせる他者、つまり、性的パートナーである者に対する誘惑の機能における身体のイメージです。

ここで(−φ)によって示されている場において、先回お話ししましたように、信号となって《ス・シニャレ》露わになってくるもの、それが、〈他者〉との関係における不安、去勢の不安です。そこにこそ、今日、我々が提起しようとしている問いがあります。お分かりのように、私は話の核心へと真っ直ぐに向かっています。

主体の構造と欲望の弁証法——我々分析家はまさにこれら二つを連接すべきなのですが——について我々分析家が知っている絶対的に新しいこと、斬新なことのすべて、これらを我々分析家はどのような道を経て学んできたのでしょうか。神経症者の経験という道を経て学んだのです。ではこの点についてフロイトは何と言っているでしょうか。彼がこの経験を経て辿り着いた最後の言葉、彼の到達点、岩盤、彼が越えられない終局点、それを彼は去勢不安だと言っているのです。

これはどういうことでしょうか。この終局点は越えられないでしょうか。去勢不安における分析の停止、これは何を意味しているのでしょうか。私が採用した図式化の方法の中に、私が皆さんを導こうとしている行路がすでに示されているのを、皆さんはお分かりではないでしょうか。私が皆さんを導く道は、フロイトが去勢不安という神経症の岩盤として示した経験を、最良の仕方で分節化することから出発しています。私が皆さんに提供する突破口、私が皆さんにここでお示しする弁証法は、次のことを明確にさせてくれます。すなわち、神経症の最終的な行き詰まりを構成しているのは決して去勢不安そのものではないということです。

実際、去勢の形、つまり想像的構造における去勢は、すでにここ、$(-\varphi)$において、つまり破断《カスール》の水準で作られます。想像的ドラマ化のある段階で似姿というリビドー的像への接近において生じる破断の水準です。だから、こうした理由で「外傷的」とされる「場面《セーヌ》」の出来事の重要性が生じるのです。想像的破断はあらゆる種類の潜在的異常、変異形を呈示します。このことだけでも、素材における何かが、去勢という項に十全な意味を与えるもう一つの機能にとって役立つものとなっていることが示唆されます。

神経症者が後ずさりするのは、去勢を前にしてではありません。むしろ、自らの去勢を〈他者〉に欠けるものとしてしまうことを前に、彼らは後ずさりするのです。それは自らの去勢を何かポジティヴなもの、つまり〈他者〉の機能の担保にすることです。〈他者〉、つまり諸々のシニフィカシオンの際限のない回付の中へと逃げてしまう〈他者〉、そこに主体がもはや自身の運命――運命と言っても、終局点のない運命、諸々の歴史の大海の中で見失われる運命です――しか見ない〈他者〉です。歴史と言いましたが、歴史とは何でしょう。膨大なフィクションです。では、いったい何が主体とこのシニフィカシオンの宇宙との関係を保証することができるのでしょうか。それは、どこかに享楽があるということに他なりませんが、しかし、このことがそうした関係を保証しうるのは、ただ一つのシニフィアンによってでしかありません。そして、このシニフィアンが必然的に欠如しているのです。この欠如の場において、主体は、記号によって、それ自身の去勢の記号によって、過不足なく、つり銭なしで支払うよう呼びかけられるのです。

〈他者〉の担保として自身の去勢を捧げること、まさにそのことの前で、神経症者は停止します。神経症者は、いわば分析に内在する一つの原因によって停止するのですが、その原因は、分析こそがこの約束の場へと神経症者を連れてきたというまさにその事実に由来しています。去勢とは、結局、去勢の解釈の契機に他なりません。

今朝の私の話は、私がもともと意図していたよりも少し急ぎすぎたようです。いずれにせよ、皆さんは、今日の話の中に、移行《パサージュ》の可能性があるということが示唆されていることもお分かりでしょう。しかし我々がこの移行の可能性を探ることができるのは、ある場へと後ろに戻ることによってのみでしょう。ある場、つまり、想像的去勢がいわゆる去勢コンプレックスを、厳密な意味で、そして十分に正当に構成するために機能している場です。

去勢コンプレックスを疑問に付すことによってはじめて、不安に関する我々の具体的探求は、この可能な移行について学ばせてくれるでしょう。この移行は、すでに数多くの機会に乗り越えられてきたのですから、なおさら可能な移行です。不安の現象の研究によってこそ、我々は、それがいかにして、そして、なぜ可能なのかを言いうるようになるでしょう。

2

不安を、「a minima 最小限の」定義で、つまり信号として捉えましょう。フロイト思想の進歩の最終段階において捉えられたこの定義は、一般に考えられているようなものではありません。

この定義は、フロイトの初期のいくつかの立場、不安をエネルギー代謝の結果と考える立場をフロイトが諦めたことに由来するわけでも、新たな征服に由来するわけでもありません。なぜなら、フロイトが不安をリビドーの変形と捉えている時点においてもすでに、不安は信号として機能するという示唆を見出すことができるからです。テキストを参照し、ここでその点をお示しすることは容易ですが、今年は皆さんとともに取り上げなければならない事柄があまりに多くありますので、ここでゆっくりとテキストの説明をするわけにはいきません。

不安は、すでに言いましたように、$(-\varphi)$の場に出現しうるものすべてに結びついています。これを我々に保証してくれるのはある一つの現象ですが、我々の経験の領野において不安のすべての機能に関し満足できる統一的な定式を得ることができないでいるのは、まさにこの現象に対してほとんど注意が向けられることがないからです。その現象とは「Unheimlichkeit 不気味なもの」[1]という現象です。

先回、フロイトのテキストに当たってみるようにお願いしましたが、それは、ここでもう一度皆さんと一緒にこれを辿り直す時間がないからです。皆さんの多くがすぐにお読みになったことと思います。ありがとうございます。皮相な読み方であっても、そこでフロイトが言語学的分析に重点を置いているということは、まず皆さんの目に入るでしょう。たとえ、そのことがあらゆる箇所で明白ではなかったとしても、このテキストは、それだけで、私がフロイトの注釈においてシニフィアンの機能に優位性を置いていることを正当化するのに十分なものでしょう。

フロイトがその研究の導入部分で示している辞書的意味の踏査を読むとき、皆さんの目にとまる第二のものは、「l'unheimlich 不気味なもの」の定義が「heimlich 密か」であることにある点です。「Unheim」であるものは、とりわけ「Heim 我が家」の極にあるものなのです[2]。

フロイトはこれについて、なぜそうなのかという説明を必要としていません。これはこうなのだ、というわけです。これがこうであることは、辞書を読むだけで十分に明らかなので、フロイトはそれ以上この点に足を止めません。フロイトもまた今日の私と同様どんどんと先へと進む必要があったのです。さて、我々の慣例を守り、考察の行く手における言葉の明瞭さを保つために、我々は今後、先回マイナス・フィーとしてお示ししたこの場に名をつけて呼ぼうと思います。それはまさに「Heim 我が家」と呼ばれているものです。

人間の経験においてこの語が意味をもつとすれば、これこそ人間の家《メゾン》であると言っておきましょう。この家という語には、お望みの響きすべてを込めてみてください。星占いにおける意味〔＝宮《メゾン》〕も含め、すべて、です。ひとは、我々自身をなしている像の彼方の〈他者〉に据えられたある点に、その家を見出すのです。

この場は不在を、つまりそこにこそ我々がいる不在を代表象しています。何が起きているのでしょうか。この場がそれであるところのものとして〔つまり、不在《アブサンス》として〕明らかになると想定してみましょう。この場を不在のものとしている他所《よそ》での現前《プレザンス》が明らかになるということです。そのとき、この場こそ、ゲームの女王です。この場が、この場を支えている像を占有しています。そして、鏡像は二重の像となります。根元的な異質さをもたらす二重の像です。ヘーゲルの用語との対置によって意義をもつようになる用語を使って言うなら、この二重の像は、我々に主体の非自律性を露わにすることによって、我々自身を対象として出現させるのです。

ホフマンのテキスト群は、フロイトがそこから例として取り出したすべてのエピソードが示しているように、こうした経験の核心にあります。

『砂男』の残忍な物語では、私がここに示しているあの究極まで簡略化されたシェーマを本来の意味で具現化している像の前で、主体が騙取《カプタシオン》から騙取《カプタシオン》へと跳ね返る様を見ることになります。物語の主人公は、魔術師の家の窓の向こうにある人形を覗きうかがっています。魔術師はこの人形をめぐって何か魔術的な操作を施しているのです。主人公がうかがうこの人形こそまさしく、この像、$i'(a)$です。それは、この物語の形式そのものにおいてこの像とは絶対的に別のもの、つまり眼によって、この像を補完《コンプレテ》しようとする操作の中にあるのです。誰かが主人公から眼を奪おうとしているというテーマがこの物語全体の導きの糸となっているのですから、この眼は、主人公の眼以外のものではありえません。

そのとき初めて主体に関する構造の暴露という畝に鋤が入っていたという事実と関係があるのでしょうが、フロイトがこの典拠文献を整理されないままにもち出しているのは、おそらく何らかの塞がり《アンバラ》を示しています。フロイトは『悪魔の霊薬』をお読みくださいというようなことも言っています。私は、どの程度そこにすべてがあるのか、どの程度そこにメカニズム上の可能な形のすべてがあるのか、また、どの程度に「l'unheimlich 不気味なもの」の反応が生じうる影響力のすべてが明らかにされているのか、まったく分かりません。明らかにフロイトは、先に進んでいません。まるで、この短い小説が示す豊穣さに圧倒されてしまっているかのようです。

この本は、そう簡単に手に入らないのですが、ご出席の方々の中のお一人のご好意で、一冊手に入れることができました。ありがとうございます。一つの本を何部か手元にもっていることは実に有用なことです。

この「Heim 我が家」という点においては、単に、皆さんがすでに以前から知っていること、つまり欲望は〈他者〉の欲望として、ここでは〈他者〉の「中」の欲望として立ち上がるということが明らかになるだけではありません。私の欲望が、いわばある洞穴の中に入るということも明らかになるのです。その洞穴では、私の主体性と結びついているすべてのシニフィアンを自ら解消することによって私を私の主体性から追放する、そういうものとしての対象、私自身であるところの対象という形で欲望が、ずっと前から待受けられているのです。

もちろん、こんなことは日常的に起こることではありません。おそらくホフマンの物語でなければ、ありえないことでしょう。『悪魔の霊薬』においては、それはまったく明らかです。この長く、紆余曲折した真理のあらゆる回り道に、フロイトの注解の正当性を確証することができます。フロイトは、この小説では、読み手が少々道を見失うとほのめかしているのです。確かに、「道を見失う」ことは迷路の機能の一部ですが、この迷路の機能こそ活性化されなければなりません。この回り道の一つ一つを取り上げれば明らかになることですが、しかし、主体が自身の欲望に接近できるのは、いつも自身の二重身の一つに置き換わることによってでしかありません。

フロイトは、フィクションの領野こそ「l'unheimlich 不気味なもの」に関する我々の経験に不可欠な重みを与えていると強調していますが、これはそれなりに理由のあることです。現実においては、不気味なものの経験はあまりにはかないものです。フィクションは、この経験を明確に示すとともに、より見事に分節化されているがゆえにより安定したやり方の効果として、この経験を作り出すことさえします。これは一種の理想点ですが、しかし、我々にとっては極めて貴重な点です。この効果が我々に幻想の機能について見ることを可能にしてくれているからです。

フィクションのこの主要な効果、『悪魔の霊薬』という作品の中でくどいほど入念に描かれているこの効果は、他の多くの作品にも認められるものですが、しかし、実生活の実効的な流れの中では、幻想の状態にとどまっています。フィクションの効果をこのようなものとして捉えるとすれば、幻想とは何なのでしょうか。それは、我々が少し感づいていたもの、「ein Wunsch 一つの願望」、しかも、あらゆる願望と同様、十分に素朴な願望以外のものではないでしょう。ユーモアをまじえてこれを表現するなら、幻想の定式「S、*a*の欲望」[3]は、次のような視点で言い換えることができます。つまり、〈他者〉が、私であるところの対象の前で、自失し、恍惚となるということです。これは私が私を見るということから導かれる演繹です。

皆さんに、これがどのように機能するかをお示しする前に、私が考えていることを明白にし、事態を論理必然的な仕方で提示するために、ただちに、次の点に言及しておきましょう。私がここに、Sと*a*の関係について、鏡としての〈他者〉の反射機能に対してこの*a*という項を異なる仕方で位置づけることで書き分けた二つの相は、倒錯者と神経症者における幻想の諸項の分配にそれぞれ正確に対応しているという点です。

倒錯者における幻想

神経症者における幻想

倒錯者においては、あえて言うなら、諸事物はそれがあるべき場にあります。*a*は主体がそれを見ることのできないところにあり、棒線を引かれたSはその場にいます。だからこそ、倒錯的主体は、それがどのようにして機能するか、その仕方について無意識のまま、自身を誠実に〈他者〉の享楽へと捧げていると言うことができるのです。

ただ、もし神経症者がいなかったとしたら、我々は倒錯について何も知らなかったでしょう。もっとも、神経症者にとっては、幻想は同じ機能連関を備えていませんが。神経症者こそ、自身が幻想を材料に作っているもののゆえに、幻想をその構造として露わにし、それと同時に、自身が幻想を材料に作るものによって、皆さんを含めたすべての人をたぶらかしているのです。

実際、このあと説明いたしますが、神経症者はその幻想をいくつかの特別な目的のために利用しています。ひとが神経症の下にある倒錯として知覚したとかつて信じた事柄――それについては以前お話ししました――それは単に、私がいま説明していること、つまり神経症者の幻想はその全体が〈他者〉の場所《リュー》に置かれているということに過ぎません。神経症者が幻想に見出す支えこそ、ひとが神経症者を前にした時、倒錯として露わになるものなのです。

神経症者は様々な倒錯的幻想をもっています。そして分析家は長いこと、それが何を意味しているのかと考えて、頭を抱えてきました。しかし、それが倒錯と同じものではないということ、また、それは同じ仕方では機能しないということはよく理解されています。混乱が現れ、問いは増殖します。そして、例えば、ある倒錯は本当に倒錯なのかと頭を悩ますといったことになるのです。この問いは、先の問いを繰り返しているに過ぎません。つまり、いったい倒錯的幻想は神経症者において何の役に立っているのかという問いです。

幻想の機能についていま組み立てたことを出発点に、まず言っておかなくてはならないのは、a の次元に実際に何ものかがあり、それが、黒板にお示しした像 $i'(a)$ の上の場、不安の出現の場である「Heim 我が家」の場に出現するということです。神経症者が利用する幻想、神経症者がそれを使う時点で組織化する幻想、それこそが、驚いたことに、神経症者にとってはまさに不安から自身を守り、不安を覆うためにもっとも役に立っているのです。

こうしたことはもちろん、私がその極限まで押し進めねばならなかったいくつかの前提事項を出発点にしてはじめて構想することができる事柄です。すべての新しい言説がそうであるように、皆さんはそれが形づくられる瞬間に、それが経験の機能連関と一致するか否かを評価することによって、それについて判断しなくてはならないでしょう。皆さんこの点については、疑いをもたないと思います。

神経症者がその幻想の中で自身をそれとしているところの対象a、これは神経症者にとっては、ほとんどまったくふさわしいものではありません[4]。だからこそ神経症者は幻想から大したものを作らないのです。対象aは神経症者を不安から守るのですが、そのことが成功するのは、その対象aがつぎ当て《ポスティシュ》されたaである、まさにその程度に応じてなのです。この機能を私はすでに長い間、肉屋の美人女房の夢によって例証してきました。

肉屋の美人女房はキャビアが大好きです。もちろんそうなのですが、ただ、彼女はそれを欲しいとは思いません。なぜなら、彼女が欲しがれば、彼女の粗野で太った夫をあまりに喜ばせることになるからです。夫はそれを他のものと一緒にがつがつと食らうことができます。夫はそこでとどまることはありません。ところで、この肉屋の美人女房が関心をもっているのは、もちろん、夫にキャビアを食べさせることなどではありません。すでにお話ししたように、夫はそこにあらゆる献立を加えるでしょうから。肉屋は大変な大食漢です。この女房の関心を引いている唯一のこと、それは、自身が取り分けておいた小さな無を夫が欲しいと思うことなのです。

この定式は、ヒステリーについてはまったく明らかです。しかし、今日のところは私を信頼していただきたいのですが、この定式はすべての神経症者に当てはまります。神経症者の幻想の中で機能している対象a、不安に対する防衛として役立っている対象aはまた、その外見とは裏腹に、〈他者〉を引きつける餌でもあります。しかも、ありがたいことに、精神分析はまさにそのおかげで成り立っているのです。

アンナ・Oという人物がいます。彼女は、このことをヒステリー的な作用の術策として隅から隅までよく知っています。彼女は、ブロイアー先生とフロイト先生に自らの歴史のすべてを、そして自らの幻想のすべてを呈示しました。すると彼らはこれに小躍りして跳びつきました。フロイトは『ヒステリー研究』の二七一頁において、彼女には少しも防衛がなかったという事実に驚嘆しています。アンナはこうして自身のからくりのすべてをさらし、難なくすべて得るのです。明らかにフロイトはここで、ヒステリーの機能連関の一つの高邁な形式を前にしています。だからこそ、ご存知のようにブロイアーはひどい目にあったのです。というのは、見事な餌によって彼もまたあの小さな無を食らうことになり、それを再び吐き戻すまでには、少々時間がかかりました。それから後、彼がそれに関わることは、もはやありませんでした。

幸いなことに、フロイトは神経症でした。そして彼は賢く、また勇気をもっていたので、彼自身の欲望の前で自身の不安を利用する術を知っていました。この不安は、あのありえないほどの良い妻、しかしフロイトを埋もれさせた女性、つまりフロイト夫人に対する、フロイト自身の滑稽な愛着の根源にあります。フロイトは、不安を用いてこの症例をフロイト夫人という幻想的対象への彼の忠実さというエックス線スクリーンに投射する術を知っていました。そして彼は、一瞬の瞬きをすることもなく、これらのことすべてが何のために役立っているかを認識し、アンナ・Oが完全にフロイト自身を狙っていたことを十分に肯うことができたのです。しかし、フロイトはブロイアーに比べれば、明らかに少々手ごわい相手でした。まさにそのおかげで、我々は、幻想を通じて分析のメカニズムの中へと、そして転移の合理的な使用の中へと入っていくこととなったのです。

このことは、また、おそらく、我々に次の一歩を進めさせ、神経症者とそれ以外の者の境界をなしているものを認識させてくれるのでしょう。

3

ここでもまた、新たに跳躍をしなくてはなりません。この跳躍のことは目印をつけ、記憶にとどめておいてください。この跳躍についても、他の跳躍と同じように、後で根拠を示さなくてはなりませんから。

神経症者においては、対象aの水準――神経症者ではこの水準がずらされているのですが――で、実際のところ、何が機能しているのでしょうか。神経症者の幻想における対象のまやかし的使用の背後には、いったいどのような現実があるのでしょうか。それは、神経症者が*a*の機能を〈他者〉の中へと移送することができたという事実によって、十分に理解することができます。この現実は極めて単純な名前をもっています。つまり要求です。

神経症者が探している真の対象は、一つの要求、つまり彼自身にひとが要求して欲しいという要求です。神経症者は、人々が彼に懇願することを望んでいます。そして、彼が望んでいない唯一のこと、それは代価を払うことです。

これは大雑把な体験です。ここから、分析家たちは極めて古いモラリスト的-宗教的説教の中でくすぶる幻想、つまり利他性という幻想を導き出してしまいました。彼らは、この点に関するフロイトの様々な説明からおそらくほとんど啓発を受けることなく、道徳至上主義という滑りやすい斜面へと立ち帰らなければならないと思ってしまったのです。神経症者は何も与えたくないと思っています。そして、明らかにこのことと関連して、神経症者の困難は受容することの次元にあります。ですから、仮にもし神経症者が何かを与えたいと望んだとすれば、うまくいくことだってあったでしょう。

ただ、これらの分析家たち、すなわち性器期的成熟は贈与の場であると我々に言うこの口達者な人たちが気づいていない点が一つあります。神経症者に与える術を教えこまなくてはならないもの、それは、神経症者がまったく想像すらしないもの、無、つまりは彼の不安だということです。

こうして、我々は今日の出発点へと戻ってきました。それは去勢不安の岩盤を指し示しています。

神経症者は自らの不安を与えようとはしません。やがてお分かりになりますが、我々はそのことについてさらに知ることになります。そして、それがなぜなのかということも知ることになります。これがあまりにも真実であるために、そしてまさにこのことこそが問題であるために、分析のすべての過程、すべての連鎖は次のことから成り立っていることになります。つまり、神経症者は自らの症状を少しずつ与えることから始めているのだから、彼は少なくとも不安の等価物を与えているのだ、ということです。だから、分析は、フロイトが言っているように、諸症状を形にまとめ上げることから始まります。人々はなぜかこのことをそれぞれ自身の罠で捕えようとします。誰とやったとしても、別様にやることはできません。神経症者は皆さんに結局は偽モノの申し出をもたらし、皆さんはこれを受け容れます。この事実から、人々は、神経症者がそれを通して要求に訴えるゲームへと入っていくのです。神経症者は皆さんが彼に何かを要求することを望んでいます。しかし、皆さんが彼に何も要求しないので、神経症者は彼の諸要求を調整し始めます。そして、彼の諸要求は「Heim 我が家」の場へと行き着くのです。まさにこれこそ、分析への最初の入り口です。

事のついでに、このシェーマ上でほぼ自然に明確になってくる事柄の外部で言っておくのですが、私には、どのようにしてフラストレーション－攻撃－退行という弁証法がこれまで正当化されてきたのか、よく分かりません。偽りの大雑把な分かりやすさに依拠してきたとしか思えません。皆さんが要求に対して何も答えないで放っておくその度合いに応じて、いったい何が生じてくるのでしょうか。そのような攻撃が生ずるのを見たことなどありますか。それが生じるとしたら、それはまさに分析の外、例えば、グループ精神療法と言われるような実践においてでしょう。攻撃などというものは決して生じません。そうではなく、攻撃性の次元が機能し始めるのは、それがその本性上向かうもの、つまり鏡像との関係を再び問いに付すために他なりません。そして、まさに主体がこの像に向かって怒りを使い尽くす、その度合いに応じて、諸要求の継起が生じ、その継起が、歴史的に言えばつねにより始原的な要求へと向かい、退行なるものが調整されるのです。

我々はこうして、またしても、これまで決して満足な仕方で説明されたことのない、新たな点へとやってきました。我々が、歴史的に前進的なものとして位置づけられてきたある時へと導かれるのに、退行的な道を辿るというようなことがどうしてありうるのでしょう。

なぜ、男根的《ファリック》関係を取り出すのに、口唇期まで遡らなくてはならないのかという逆説的な問いを前に、一旦退行した後もう一度逆に道を登らなければならないと考えるよう導いた人々がいました。しかし、これは分析経験とはまったく反対です。退行過程において分析がいかに成功したとしても、分析が、発生論的な再構築の場合に必要であるように、いくつかの段階を逆に辿りなおすなどということは、決してありえないことです。反対に、ゼロの要求も含めあらゆる要求の形が終局まで、底まで使い尽くされる、その度合いに応じて、我々は、その底に去勢の関係が出現するのを見るのです。

要求の退行的サイクルの極限との関係として、去勢は登録されています。去勢は、要求の領域が尽きるその時から、そしてその度合いに応じて、そこに出現するのです。

これはトポロジー的に捉えられるべき事柄です。今日はこれ以上あまり先まで押し進めることはできませんから、一つの指摘をして話を終わろうと思います。この指摘は、先回、話を終えた際の指摘とも一致するものですが、この指摘によって、皆さんの思索は次の一歩が容易に踏み出せるような方向へと導かれるでしょう。しかし、この点についても、無駄な回り道をするつもりはありません。私は、物事をそのまさに真ん中で捉えたいのです。

『制止、症状、不安』の中で、フロイトはこう言っています。あるいは言っているように思われます。不安は対象喪失に対する反応 - 信号である、と。そして、彼は対象喪失の例を並べています。生誕時に一挙に起こる子宮環境の喪失、対象として捉えられた母親の潜在的喪失、ペニスの喪失、対象の愛の喪失、超自我の愛の喪失。先回、皆さんを進むべき道の上に導くために私は何と言いましたでしょうか。不安は欠如の信号ではなく、二重化された水準で構想すべき何ものかの信号、つまり欠如が与える支えの欠損であると構想すべき何ものかの信号だと言いました。この示唆を踏まえて、フロイトのリストを捉え直してください。私が、いわば飛行中に捉えたリストです。

不安は、母の乳房へのノスタルジーによって生じるわけではなく、母の乳房が迫ることによって生じるのだということを、ご存知でないわけではありませんね。不安を呼び起こすのは、我々が母の膝へと戻ってしまうだろうと我々に予告するもの、それを垣間見させてくれるものです。不安を起こすのは、よく言われているような、母の現前と不在の交代やそのリズムなどではありません。その証拠に、子供は、現前と不在の遊びを喜んで繰り返します。不在の可能性、それこそ、現前の安全さです。子供にとってもっとも不安なのは、欠如が子供に欲望をもたらすという関係――子供はこの関係の上に設立されています――が混乱することです。そして、この関係がもっとも混乱するのは、欠如の可能性がない時、つまり、母がいつも背後にいる時、とりわけ、彼の尻、減衰のない要求の典型である彼の尻を拭いてくれる時です。

もう少し高い水準、次の段階、つまりいわゆるペニスの喪失の段階で問題になっているのは、いったい何なのでしょうか。ハンス少年の恐怖症の始まりにおいて我々が見ているものは、何なのでしょうか。人々は次の点に力点をさほど中心的なものとされていませんが――置いています。つまり、いわば不安は、母による、マスターベーション実践の禁止と結びついており、これは子供にとって、母が子供に対して行使している欲望の現前として体験されている、という点です。しかし、欲望の対象との関係における不安について経験が我々に教えているのは、まさに、禁止こそ誘惑だということに他ならないのではないでしょうか。問題は対象の喪失ではありません。むしろ、諸対象が欠如していないということの現前、そのことこそが問題なのです。

さて、次の段階へと進みましょう。超自我の愛という段階です。そこにはいわゆる失敗への道の途上にあるとみなされる、あらゆるものがあります。どういうことでしょうか。それはまさに、成功こそが恐れられているということです。ここでもまた、「それは欠如していない」なのです。

今日は皆さんをこの点に置き去りにしようと思います。それは、欲望の対象を同定することの困難さにつきまとう混乱を完全に消散させ、方向を変えさせるための点です。同定するのが難しいからといって、欲望の対象がそこにないというわけではありません。欲望の対象はあります。そしてその機能は決定的なものです。

不安とはどういうものかという点に関して今日お話ししたことは、単なる準備的接近に過ぎないとお考えください。不安を位置づける正確な様式については、次回以降お話しいたしますが、この様式を三つのテーマの間に位置づけなくてはなりません。今日の私の話の中でその概略が浮かび上がるのを皆さんが見た、三つのテーマです。

一つ目は〈他者〉の享楽、二つ目は〈他者〉の要求、三つ目は、繊細な耳でしか聞き取れなかったでしょうが、解釈の中に顕在化するある種の欲望です。治療の中でこの欲望が分析家に対してもつ影響力こそ、まさにもっとも範例的で、もっとも謎となる形式です。

この種の欲望があるからこそ、私はすでに長い間皆さんに、問いを立ててきたのです。それは、欲望の経済において、分析家の欲望と私が呼ぶ欲望の、この種の特権はいったい何を表しているのか、という問いです。

一九六二年一二月五日

訳註

（1） 前章註（7）参照。

（2） フロイトは『不気味なもの』の冒頭、不気味なものの定義について、ダニエル・ザンダースによる『ドイツ語辞典』から長い引用をした後、これをまとめて、次のように書いている。「この長い引用の中でわれわれに最も興味深いのは、heimlich（馴染みの、内密の）という単語が、意味の上で多彩なニュアンスを示しながら、反対語である unheimlich（不気味な）と重なり合う意味をも表す点である。その場合、馴染みのものが不気味なものとなる」（藤野寛訳『不気味なもの』フロイト全集第一七巻、岩波書店、一三頁）。さらにヤーコプとヴィルヘルムのグリム兄弟による『ドイツ語辞典』を引用した上で、「unheimlich であるとは、どのようにしてか、ある種 heimlich であることなのだ」（同書、一六頁）と結論している。

（3）「S、aの欲望」と訳した部分は「S désir de a」と表記されている。幻想の定式（S◇a）を念頭に置けばいいだろう。
（4）原文は il lui va à peu près comme des guêtres à un lapin.「ウサギにゲートル comme des guêtres à un lapin」は「まったく似合わない」の意。

V　騙すもの

ここで続けられている精神分析の断片が、より具体的、より科学的、より実証的な――どの語を使おうと、さほど重要ではないのですが――経験との接続を目指す他の精神分析の断片と比べ、哲学的な特徴をもっていることは、すでに見て取られ、読み取られてきましたし、これからもまたそうであることでしょう。

精神分析が認識の欲望を理論的次元で問題にしているとしても、また、精神分析がその言説において、認識の契機に先立つ手前にとどまっているとしても、それは、誰かが言っているように、私の咎というわけではありません。むしろ、そのことはそれだけで、我々の言説に哲学的トーンを与えている問いの立て方そのものに、根拠を与えることになるのかもしれません。

いずれにせよ、私はこの点においてずっと精神分析の創始者の後をついてきたわけです。そして、この創始者、つまりフロイトは、私の知る限り、精神を病む人々、とりわけフロイト以来きわめて厳密に神経症者と呼ばれるようになった人々に関して、直接的経験の次元にいたのです。

もし、欲望の場が、そして欲望に穴が穿たれるそのあり方が、もっとも具体的な問題によって我々の治療的な立場の中でつねに露わにされているのでなかったなら、以上のことは、ことさら科学論的な問いかけにこだわる理由にはならないのかもしれません。もっとも具体的な問題は、我々を間違った道へと導くものでも、間違って答えたり、ずれて答えたりさせるものでもありません。少なくとも、我々が追求している目的をきちんとおさえておきさえすれば、そんなことにはなりません。もっとも、我々の目的というのも決して明瞭なものではありませんが。

私は、以前、分析においては治癒などおまけとしてやって来るものだと言って、一部の同僚の憤慨を買ったことを覚えています。誰かを安心させようと、時に応じて、何らかの良識という砦に立てこもる術を知っている同僚たちです。彼らは、私の言葉に、我々が預かる人々、苦しんでいる人々に対する侮蔑の態度を見たようです。私はただ方法論的な視点から話しただけなのですが。確かに、我々分析家の正当性、そして我々の責務は、患者の状態を良くすることにあります。しかし、我々の領野において、治癒という概念ほど揺れ動くものはないということは、ぜひ、主張しておきたいと思います。

女性であれ、男性であれ、患者が在俗修道会(2)へと入ってしまうことによって終了するような分析は、たとえ、患者が症状について良くなったと感じていたとしても、そもそもそれで治癒と言えるのでしょうか。ある種の選択に自信をもって、そしてまた、ある種の秩序を得たことに自信をもって、我々が、そこを通り抜けることで彼を天の王国へと導こうとしたその道、それ以来彼には背徳的《ペルヴェール》と見えるその道について、患者が明確な留保を表明しているとするなら、それが治癒と言えるのでしょうか。こうしたことはしばしば起こり得ることです。

だからこそ私は、私の言説が次のことを思い出させるものである以上、我々の経験から離れようなどと、一時たりとも思うことはありません。つまり、我々の経験の内部ですべての問いが立てられうるということ、さらに、我々の経験の内部においては、我々の道具そのものであるもの、つまり真理の平面でもって、少なくとも我々が誤魔化さないという保証を我々に与えてくれる導きの糸の可能性を、我々自身が保っていなくてはならないということを、です。

そのためには、単に真面目というだけでなく、ある程度網羅的で徹底的な百科にわたる探求が必要となります。不安のような主題について、私のような語り方で、分析家にとって機能しているはずのものを収集することは、確かに容易ではありません。つねに忘れないようにしなくてはならないのは、我々があの図において不安の場として示してきた場、実際には（−φ）によって占められているあの場は、ある種の空を構成しているということです。この場に現れ得るものすべては、この空の構成的機能に関して、我々の眼をそらさせてしまうものです。

こうしたトポロジーは、それが皆さんに与えるいくつかの指標が、不安という現象に向けられた探求——それがどんなものであれ——によって、そしてあらゆる真面目な研究——それがどんな前提の上のものであれ——によって保証されてこそ、初めて価値をもつものです。たとえ、その前提が我々の眼にはあまりに狭いものであり、我々の経験のような根元的な経験の内部にもう一度置き直されなければならないものと見えたとしても、何かがそこで捉えられていることは確かです。また、たとえ、そこでは不安の現象そのものが我々の経験からすれば限定され、捻じ曲げられ、不十分なものに見えたとしても、少なくともどうしてそのように見えるかを知ることは重要でしょう。事情がつねに同じというわけではありませんし。

これまで不安という主題に関する問いかけが定式化されてきた水準、まさにその水準で、我々は我々の財産を捉えなくてはなりません。

そのことをお示しすることが今日の話のすべてになるでしょう。不安についてもたらされたことの総和をお示しするわけにはいきませんから。そんなことをしたら、一年間のセミネールすべてを費やすことになってしまいます。

不安の問題について、客観的、あるいは実験的と呼ばれている——こう呼ぶのが正しいか否かはともかく——問いの型があります。

1

まず、我々の対象を保証し、絞ってくれる照準線、支点を皆さんにお示ししておかなければ、我々は道に迷ってしまうかもしれません。我々の対象をもっとも根元的な仕方で条件づけているものが何かを気づかせてくれる、こうした照準線、支点を手放すわけにはいきません。先回、私の話は、これらをいわば三つの指標となる点によって何とか捉えるところまで辿り着きました。〈他者〉の次元がなお優位であるような三つの点です。もっとも、この三つの点についてはは導入しただけでしたが。

それはつまり、〈他者〉の要求、〈他者〉の享楽、そして変容を被った形、疑問符を付された形での〈他者〉の欲望です。分析経験に項として介入してくる者としての分析家に帰せられる欲望という意味での、〈他者〉の欲望です。

私は何もこれから、他の人々に対して、私が非難しているようなことをしようとしているわけではありません。つまり、我々が探査しようとしている経験のテキストから、分析家を取り除こうとしているわけではありません。ここで定式を与えようとしている不安は、我々に答える不安、我々が引き起こす不安、我々が場合によってはそれとの間に決定的な関係をもたなくてはならない不安です。

〈他者〉のこの次元、そこに、我々は、それを狭めないという限りにおいて、我々の場、有効な場を見出します。これまで不安の現象を捉えようとした試みのあらゆる様式において、この〈他者〉の次元が不在であることは決してなかったということを、皆さんに感じ取っていただきたいのです。

例えば、実験室で、実験台の上で動物に神経症を起こしたことを引き合いに出して誇張し、成功だ、勝利だと言う人がいますが、私が皆さんに教え、十分に慣れていただいてきた知的実践の視点からすれば、これらの誇張、成功、勝利は皆さんには空しいものに見えることでしょう。これは精神分析的思考が求めていることとは反対のこと、自称神経症です。まあ、まったく反対であっても、結局、ひとはそれを神経症と言うのです。

こうした神経症についてはパブロフと彼に従った人々が機会あるごとに強調してきましたが、これらの神経症は我々にいったい何を教えてくれるのでしょうか。動物のこうした反射をいかに条件づけしたかという点についてはよく語られています。自然なものと言われている反応に、その反応に関わる次元とはまったく異なる次元で関与すると想定されるある刺激、興奮が連結されます。そして、相反するいくつかの効果を取り出すことによって、条件づけられた種々の反応を一つの様式へと集約します。生体の諸反応の中に、条件づけし、調教し、獲得してきたものによって我々はその生体を同時に二つの対立する仕方で反応するようにすることができるのです。こうしていわば一種の生体的当惑を生じさせます。

さらに進めるならば、我々は、場合によっては、応答の可能性の枯渇を引き起こすことすら考えることができます。それは、関与する諸反応の通常の領野を根元的仕方で侵すような反応の乱れによる秩序の混乱ですが、それはまた、より広い視点の下では本能的と呼ぶべき何らかの反応様式によって定義づけられていると解釈されうるものの、客観的な翻訳でもあるのです。最近、様々な異なる文化領域において、ストレスという用語で呼ばれるものについての理論化がなされています。ある機能に求められる要求がその機能そのものの容量を超え、機能的応答の段階を超えた変調を生体に引き起こすような仕方で、生体に働きかけるということが起こるのですが、結局、生体に生じた持続的痕跡の中に病的損傷と同等な事態が引き起こされているのです。

こうした一連の実験的問いかけにおいては、神経症的反応という形で出会われている、いわゆる不安含みの形式がいったい何によって示されているのか、その点を明確にすることが重要です。しかし、実験という問題をこうした形でもち出すこと自体に、つねに回避される何かがあるように思われてなりません。この回避は実験そのものの構成要素であるわけですから、これらの実験の報告者を決して責めることはできません。が、しかし、この実験を我々の経験、語る主体との間に繰り広げられる我々の経験と比べようとする者は誰であっても、この回避を看過するわけにはいかないでしょう。次のことこそ重要です。ここで問いにかけられている生体がいかに語る主体と比べて原始的なものであるとしても——いや、実験が犬に効果を及ぼしているのですから、パブロフの実験系の中ではこの生体は決して原始的なものではありません——実験には〈他者〉の次元が現れています。

私がこうしたことに注意を喚起したのは、昨日、今日のことではありません。以前、実験神経症の作成に関連してもたらされた諸現象を扱うある学術集会の際に、私は、ある研究の発表者に、その実験における彼自身の現前、つまり人間存在として、動物の周囲の様々な要素を操作している者として、彼が現前しているという点こそ、実験の中のそれぞれの時点で正当に考慮に入れられるべきだと指摘しました。犬が、主人と呼ばれる人の前で、あるいは主人とは呼ばれていない人の前で、どう振舞うかということがある人に分かっているとすれば、その人は〈他者〉の次元が犬にとっても重要であるということをいずれにせよ知っているのです。しかし、これがたとえ犬でなく、バッタであっても蛭であっても、実験系の組み立てということがある限り、そこには〈他者〉の次元が現前しています。

皆さんは、バッタや蛭など、実験に供せられているこれらの生体は〈他者〉の次元のことなどまったく知らないではないかと言われることでしょう。もちろんそうです。だからこそ、私は、長い間、我々の経験の次元でこれに匹敵する次元の重要さ、つまり主体というものの重要さについて皆さんにお話ししてきたのです。主体、つまり、我々であるところの主体、我々がそれを操作し、それを決定することを学んでいる主体、この主体のもとにもやはり、我々を構成しているものについて、我々が何も知らない一つの領野があるのです。

「Selbst-bewusstsein 自己意識」、これを私は、知っていると想定された主体と名づけるようお教えしてきましたが、この「Selbst-bewusstsein 自己意識」は偽りの想定です。認識の主体を構成すると考えられているこの「Selbst-bewusstsein 自己意識」は、錯覚であり、誤謬の源泉です。なぜなら、自身の認識行為において透明であると想定される主体の次元は、ある特別な対象が機能し始めることによって初めて可能となるからです。特別な対象とは、鏡像段階の理論が捉えようとしてきた対象、つまり自身の身体の像、その前で主体が主体を主体自身に対して透明にする対象の前に実際にいるという歓喜の感覚をもつ、そういう対象です。意識のこの錯覚は、次のことによってすべての認識へと押し広げられます。つまり、認識の対象は鏡像関係のイマージュに従って構成され、調整されるということです。だからこそ、まさに、認識の対象だけでは不十分なのです。

精神分析などなくとも、我々をまったく異なる次元へと投げ出す対象が出現する瞬間はいくつもありますから、ひとはそれについて知っているのかもしれません。このまったく異なる次元は、経験の中で与えられ、経験における原初的なものとして取り出されるに値します。これは異《い》なるものの次元です。

この異《い》なるものの次元を、主体を自身の認識に対して透明なものとしてその前に置いておく、そういう対象の次元として捉えることは、どうしてもできないでしょう。この新しいものを前に、主体は文字通り揺れ動き、主体と認識の効果すべてとの一次的な関係について、何もかもがもう一度問いにかけられるのです。

このように体験された未知のものの、対象の領野における出現、還元不能の構造化の出現は、決して分析家だけに問いをつきつけているわけではありません。なぜならこれは通常の経験においても現れるからです。それでもやはり、幼児はどうして暗闇を恐れるかという点について、説明を試みるべきでしょう。同時に我々は、幼児はいつも暗闇を恐れるわけではないということに気づいています。だから、人は心理学をするのです。自称実験主義者の人々は、論理的思考、合理的思考とは異なる仕方で構造化された思考の、遺伝的で父祖伝来の原初的反応について理論を立てています。思考がある以上、思考という用語をなくしてしまうことはできないかのようです。そして、構築がなされ、考想がなされます。まさにそこで、ひとは哲学をするのです。そこで我々は、我々が場合によってはその人と対話を遂行すべき当の相手を、その対話そのものが評定されるべき領野そのものの中で待受けています。さて、我々の経験を、もっと仮説的でない仕方で説明することが我々にできるか、それをこれから見ることにしましょう。

以下は、考えうる一つの答えです。それを皆さんにお示しします。その答えは、最初の接近の様式に対応する対象、つまり我々自身の形の認識に関わる対象の構成を出発点にすることで成り立っています。そして、この答えは、この認識そのものを限定的なものと捉えています。なぜなら、この認識は、身体としての実在という事実によって与えられる我々の存在への原始的備給の内の何かを逃しているからです。この答えは次のように言っているのですが、これは、単に合理的な答えというだけでなく、検証可能な答えとも言えるのではないでしょうか。つまり、身体の内、想像的(像的)なものとしては捉えられないこの余剰、この残滓こそが、ある迂回によって、欠如の場として予見されていた場に現れる、しかも鏡像的でない仕方、それだけに標識できない仕方で現れる、ということです。この迂回については、それがどんなものか我々はよく知っています。実際、いくつかの標識の欠損こそ、まさに不安の次元なのです。

この点について、我々は、クルト・ゴルトシュタインが不安という現象に取り組んだ際のやり方に反対するものではありません。ゴルトシュタインは不安について極めて鋭いことを言っています。脳損傷現象の記述において、彼は我々の関心をひく経験をつぶさに追っているのですが、その記述はまさに次のような法則に則って書かれています。つまり、生体は関係的効果全体において、全体として機能するという、前提となる法則です。頭をちょっと傾ける場合でも、全身の筋肉の内その動きに関わっていない筋肉は何一つとしてありません。ある状況における反応すべてが生体反応のすべてを巻き込んでいるのです。ゴルトシュタインに従えば、我々はここで、相互に深く結びついた二つの終局が出現するのを見ることになります。破局反応と、もう一方は、その現象の場の内部で不安現象にそれとして標識づけることです。

ゴルトシュタインの分析のテキストをぜひお読みください。フランス語に訳されていますから、手に入りやすいテキストです。彼の理論が我々の理論とどれほど近いものか、さらには、もし彼の理論が我々の理論を踏まえていたならば、どれほど明晰なものを引き出すことができたか、この二点を、ぜひ読み取ってください。私がお示しする鍵を念頭に彼のテキストを追えば、そのことがよくお分かりになると思います。

例えば、混乱の反応と不安の反応の間にある相違を取り上げてみましょう。

混乱によって主体が反応するのは、自身の無効性に対して、つまり、乗り越え不能の状況に直面しているという事実に対してです。これは確かに自身の欠損ゆえに起きていることですが、しかし、損傷のない主体にとっても「Hilflosigkeit 寄る辺なさ」の状況、つまり越えがたい危険を前にした時には、あってもおかしくない反応様式です。

一方、不安の反応が生じるためには、つねに二つの条件が満たされていなくてはなりません。これらの条件は、挙げられているいくつかの具体例にも見られます。第一の条件は、主体が課題の中でその機能損傷を特定できる程度に損傷が限られていて、その限局によって、欠落がそれとして客観的な場に現れうるということです。欠如のこのポジティヴな形での出現こそが不安の源泉です。もう一つ、見逃してはならない第二の条件があります。それは、主体に課題を課して、組織的なテストを行っているゴルトシュタイン、あるいは彼の実験室の何某かが主体の目の前にいるということです。欠如の領域が生じるのは要求の効果の下においてなのです。

これら二つの終局については、これを見抜く目さえあれば、皆さんは必要なときいつでもこれを見出すことができるでしょう。

まったく違う次元へと飛躍するために、より大きな経験を取り上げましょう。それは古代の暗黒の中に捨てられた経験、祖先の経験、修復された経験ではありません。そうしたものはいわば我々の手が届くところにはないでしょう。私が取り上げるのは、むしろ、我々を古代へと繋ぐ必然性を証言する経験、いまも生きている経験です。しかし、実に不思議なことに、我々はいまではもはや、稀にしかその話をしません。それは悪夢という経験です。

なぜ分析家はある時から悪夢という経験にほとんど関心をもたなくなったのでしょうか。今年、我々は、この主題に少しの間立ち止まり、それについて考える必要があるからこそ、この主題を私はもち出したのです。それがなぜかということについては、あるいはどこに資料を見出せばいいかという点については、そのうちお話ししましょう。これを扱った文献はすでに沢山あり、中には見事なものもありますので、まず、それらを読まれるのがよいでしょう。悪夢に関するジョーンズの著作は、忘れ去られているとはいえ、それでもやはり、比肩すべきもののない豊かさをもった著作だと思います。

悪夢という現象に関する基本的な記述を思い出してください。私はこの現象の原則的次元を回避しようと考えたことは決してありません。それは、悪夢の不安は、本来的に、〈他者〉の享楽として体験されるということです。

悪夢に関連するものとして、インクブス(夢魔)とスキュブス(女淫夢魔)があります。皆さんの胸の上に怪しい享楽の重みをもってのしかかるあの存在、皆さんを享楽で押しつぶすあの存在です。この神話に現れる最初の事柄、そして実際の悪夢にも現れる最初の事柄、それは、享楽の重みをかけるこの存在が質問好きな存在でもあり、さらに、問いの発展的次元、つまり謎において現れる存在でもあるということです。エディプスのドラマすべてに先行して現れるスフィンクスは、悪夢の姿であると同時に質問好きな存在でもあるということを忘れないでください。

この質問は、私が要求の次元と呼んだもののもっとも原初的な形を示しています。もっとも、我々が通常いわゆる本能的必要という意味で要求と呼んでいるものは、その矮小化された形に過ぎません。

こうして我々は次の二つのものの間の関係を再度問うことになります。つまり、前主体的——主体という言葉の通常の意味において――と呼びうる経験と、もっとも閉じた形、つまりシニフィアンの形における問い、それ自身不透明なものとして現れる問い、この二つの間の関係です。これは、まさに謎の位置です。

このようにお話ししてくると、すでに私が皆さんにお示ししたいくつかの定義を考慮することによって、皆さんは、私を私自身の正念場へと導くことができるでしょう。私は、それらの定義が本当に使用に堪えうるものかどうか、試練にかけなければならなくなるのです。

2

私はある局面において、シニフィアンは痕跡である、ただし消された痕跡であると申し上げました。また、別の局面においては、シニフィアンと記号《シーニュ》は、次の点で区別されるものであると申し上げました。つまり、記号とは、何かを誰かに対して代表象するものだが、シニフィアンは主体をシニフィアンとしての存在に対して代表象するものだという点です。

この点を、ここで問題にしている事柄との関連で、もう一度考察してみましょう。

ここで問題にしている事柄、それは、失われた何らかの対象に対する我々の不安を帯びた関係です。失われた対象といっても、それはすべての人にとって失われているわけではありません。それがどこで再発見されるかについては、これからお示しします。何かを忘れたからといって、それがそこにあり続けることをやめてしまうわけではありません。ただ、それをもはや認識することができなくなっているだけのことです。この対象を再発見するためには、痕跡という主題に戻るのがよいでしょう。

この探求を皆さんにとってより興味深いものにするために、我々にとって極めてありふれた経験の主題に、いますぐストロボの光を二つ、当てることにしましょう。

いま皆さんの前で描写しようとしていることと、ヒステリー症状という現象との間に、関係があることは明白です。ヒステリーといっても、もっとも広い意味でのヒステリーです。と言いますのも、小ヒステリーだけでなく、大ヒステリーもあるからです。感覚脱失、麻痺、視覚暗点、視野の狭窄などです。ヒステリーにおいては、これらの欠損が正しく認識されない、まさにその程度に応じて、不安は出現しないことになります。

めったに気づかれないある事柄、皆さんが決して気に留めない事柄、しかし強迫神経症者の行動のある部分をすべて説明する、ある事柄があります。強迫神経症者がシニフィアンを扱う極めて特異な仕方、すなわち、シニフィアンを疑い、磨きあげ、消し去り、粉砕し、粉々にする、マクベス夫人が呪われた血の痕跡に対してするようにシニフィアンに対して振舞う、その仕方において、強迫神経症者は、出口のない道、しかしその狙いは明白な道によって、シニフィアンという形で記号を見出す、そういう方向で、操作しているということです。それは「Ungeschehen machen なかったことにする」、歴史の書き込みをなかったことにする、ということです。事は確かにそのようにして起きた。しかし、それは確実なことではない。確実なことではないというのは、それはシニフィアンでしかないからです し、歴史はからくりであるからです。強迫神経症者は正しいのです。彼は何かを把握したのであり、起源へと、前の段階、記号の段階へと戻ろうとしているのです。

では、ここで、皆さんに道を逆方向に辿っていただくよう試みようと思います。今日、私が実験動物の話から始めたのはそれなりの意図があってのことでした。いずれにせよ、ここで、彼らにもう一度ご登場願い、彼らが痕跡によって何をしているかを見ておくことにしましょう。

痕跡を消そうとすること、痕跡でもって操作をしようとすること、これは何も人間だけの特性ではありません。動物もまた彼らの痕跡を消そうとすることはしばしば観察されます。いくつかの痕跡、例えば排泄物を埋めるといった複雑な行動すら観察されます。猫がそうすることはよく知られています。

動物の行動の一部は、彼らの「Umwelt 環界」、つまり彼らの周囲のある領域を、それを区切り、それに境界を制定するいくつかの痕跡によって構造化することで成り立っています。これがテリトリーの形成と言われるものです。カバは排泄物で、さらには、確か肛門周囲の腺に由来する分泌物で、この行動をします。鹿は、ある種の木の皮に角をこすりつけます。これが痕跡の標識の役を果たします。動物学の先端が皆さんに教えてくれる様々なことを際限なく開陳するつもりはありません。私にとって重要なのは、痕跡の消去に関して言っておかなくてはならないある一つの点です。

動物は痕跡を消し、偽の痕跡を作ると申し上げました。では、彼らはシニフィアンを作っているのでしょうか。動物が決してしない事柄が一つあります。それは痕跡を偽モノにするということ、つまり彼らの通った本モノの痕跡をひとが偽モノと思うように痕跡を残すということです。痕跡を偽って偽モノに見せるということ、これこそ本質的に人間の、というより、シニフィアンの行動と言えましょう。ここにこそ境界があります。主体が出現するのはまさにここです。痕跡が、偽モノの痕跡と取り違えられるように作られるとき、我々は、そこに話す主体があるということを、また、原因としての主体が出現しているということを知っています。

原因という概念自体、この主体以外にその支えをもっていません。我々は続いてこれを万物へと広げようとします。しかし、始原的な原因、それは、空として現れるある痕跡の原因、偽の痕跡と捉えられるよう自らを偽るある痕跡の原因です。これは何を意味しているのでしょう。それは、主体は、それが生まれるその時点で、私が〈他者〉の合理性のもっとも根元的な形と端的に呼ぶことになるものへと差し向けられているということに他なりません。この振る舞いは、〈他者〉の場において、シニフィアンの連鎖の中に組み入れられるということ以外の意義をもちません。そして、それらのシニフィアンは同じ起源をもっている場合ももっていない場合もありますが、しかしいずれにせよ、それらは、シニフィアン的になった痕跡への唯一の可能な参照項となっているのです。
　だからこそ、皆さんはそこで、シニフィアンの現出を始原において養っているものを捉えることができるのです。これは目標ですが、〈他者〉、現実の〈他者〉が知らない目標です。「彼は知らなかった il ne savait pas」は、「彼は知るべきではない il ne doit pas savoir」の内に根を張っています。シニフィアンは確かに主体を露わにしますが、しかし、主体の痕跡を消すことによって、それをしているのです。

a　　A

$\$$

消された痕跡のシェーマ

　まずa、すなわち狩りの対象と、大文字のAがあります。シニフィアンの誕生とともに、それらの間に、主体Sが現れるのですが、ただ、それは、棒線を引かれたもの、非‐知(non-su)として現れます。主体のその後のすべての標識はこの始原的な非‐知の奪還の必要性に関わっています。ここにすでに、奪還すべき存在に対する主体の真に根元的な関係が現れているのがお分かりでしょう。そして、aと非‐知としての主体の最初の出現との間に、まさに「unbewusst 無意識的」ということが意味するものがあることがお分かりでしょう。この無意識的という語は、「le bewusst 意識的なもの」を絶対知と同じものと考えてきた哲学的伝統によっても正当なものとされています。我々としては、しかし、哲学的伝統に満足するわけにはいきません。我々はこの知と意識とは決して一緒にすることはできないということを知っているからです。
　フロイトは、意識の領野として規定される領野の存在はどこに由来するかという問いを、解かれないままにおいています。私が言っている鏡像段階がこの点について解決の糸口を提供することは請け合うことができます。もちろん、こうした考え方がデカルトの省察に添って教育を受けてきた精神にどのような不満をもたらすか、私はよく知ってい

ますが。今年はさらにもう一歩、意識のシステムと言われているものについて、現実的な始原、始原的対象がどこにあるかを把握させてくれる一歩を踏み出すことができるのではないかと考えています。なぜなら、意識という視点がこれほどに反駁を受けた以上、我々としては、構造の中に特定でき、取り出しうる何らかの対象に意識が結びつけられているということを見出すまでは、とても満足することはできないからです。

私は先ほど、この弁証法の中での神経症の位置づけについてお示ししました。シニフィアンの現出という点に関し、何が問題なのか、その勘所を把握する術を心得ていたなら、神経症で起きていることについて、我々がどれほど滑りやすい危険な斜面にさしかかっているか、すぐにお気づきになることでしょう。分析の弁証法が関わってきた罠のすべては次のことに由来しています。神経症の要求の中には本質的に偽である部分があるということが、正確に把握されてこなかったという点です。

不安の存在は次の点と結びついています。つまり、すべての要求は、たとえもっとも古いものであってもつねに、欲望の場を保持しているものとの関連で何らかの騙すものをもっているということです。この点はまた、偽りの要求に対し、それを叶える回答をもたらすものがもつ不安惹起的な側面を説明するものでもあります。

それほど前のことではありませんが、私は、患者の一人のディスクールにこの不安の側面が出現するのを見たことがあります。彼はこう言いました。この年になるまで母親が自身の靴底にくっついてくる、と。うまいことを言うではありませんか。この母親は彼の要求に対して、偽りの回答、ただ的外れな回答だけを与えてきたのです。なぜなら、要求はまさにシニフィアンによって構造化されているのですから、それは、文字通りに受け取られるべきではないからです。子供が母親に要求するものは、あの Fort-Da 遊び(3)が示している「在と不在」の関係を子供に対して構造化するものとして、要求されているのです。Fort-Da 遊びは最初の制御の訓練です。保持すべき空がつねにあって、その空は、要求の内容とは、肯定的な意味でも否定的な意味でも、いかなる関係ももっていません。むしろ、要求が完全に満たされることによって混乱が生じ、その混乱の中で不安が現れるのです。

ここで我々の代数学は、この帰結を見事に示す一つの装置を、結果としてもたらします。要求は、隠されているもの、すなわちa、対象の代わりに、不当にやってくるのです。

3

代数学とは何でしょうか。それはまさに、非常に複雑なものを、必ずしもそれを理解しなくても、操作可能なものに、つまり機械的な状態に至らしめるよう作られた非常に単純な何かに他なりません。この方がずっと効力があると、数学の時間にずいぶんと言われたものです。代数が正しく組み立てられていれば、それで十分なのです。

皆さんに欲動について$(\$ \diamond D)$と書くようにお教えしました。これは「S barré, coupure de grand D, la demande」つまり、棒線を引かれたS、大文字のDすなわち要求の切断と読みます。切断についてはのちほどまた触れることになりますが、しかし、先ほどすでに、この切断が何を切るものなのかについて、ある考えをもたれたのではないでしょうか。狩人(4)の躍動です。欲動についてどう書き表すかをお示ししたその仕方がすでに、なぜ神経症者にこそ欲動というものを見ることができるかを皆さんに説明しています。それは、幻想$(\$ \diamond a)$が神経症者においては特権的な仕方で$(\$ \diamond D)$として現れるからなのです。

言葉を換えれば、神経症者においては、幻想的な構造のルアーこそが欲動と呼ばれるこの最初の一歩を踏み出すことを可能にしているのです。フロイトはつねに何のためらいもなくこれを「Trieb」と書き表しています。この「Trieb 欲動」という語はドイツ哲学の中に歴史をもつものです。この語を「instinct 本能」という用語と混同するなどということは決してできません。スタンダード・エディションにおいてさえ、最近になっても、確か『制止、症状、不安』のテキストだったと思いますが、ドイツ語のテキストで「Bedürfnis」と言われているものが「instinctual need」という語で訳されたのを見つけました。もし、「Bedürfnis」をただ「need」で置き換えるのなら、それはドイツ語から英語への正しい訳ですからいいのですが、どうして「instinctual 本能的」などという言葉をつけるのでしょう。ドイツ語テキストにはそんな言葉はまったくありません。このことだけでも、この文の意味を捩じ曲げるのに十分です。欲動は本能とはまったく関わりのないものです。

本能という言葉で呼ばれているものの定義や、この語の通常の使われ方について何か反論をしようとしているわけではありません。例えば生きものが摂食する欲求を本能と呼ぶのは、全然構わないのです。しかし、口唇欲動となると話は別です。口唇欲動は口の性愛化に関わっています。このことは我々をすぐに次の問いへと導きます。つまり、なぜ口だけが問題なのかという問いです。胃の分泌だって問題にされていいはずではありませんか。先ほどパブロフの犬のことも話しましたね。そして、もっと詳細に見るなら、なぜ、ある年齢まで唇だけが問題であり、その年齢を過ぎると、ホメロスが「歯並の垣根 l'enclos des dents」(5)と呼んでいるものがこれに加わることになるのでしょうか。

実際、精神分析が本能という問題に最初に接近したときからすでに我々は、鏡像における他者への参照によって設立される弁証法の中に、この本質的な割線を見出してきたのです。

すでに皆さんにお渡しししたと思っていたのですが、私の書類の中にありませんから、まだなのでしょうが、ヘーゲルの『精神現象学』の中に、言語は仕事である、そして、主体はその仕事を通して彼の内側を外側へと出すと明確に言っている文章がありました。次回、おもちしましょう。この文章は明らかに英語で言う「inside-out 裏返し」のことを言っています。つまりまさに反転された手袋の比喩です。しかし、この比喩への参照に、私が喪失という考え方を付け加えたとすれば、それは、この内外反転に従わない何かがあるということ、言葉という圏域の中で、それぞれの段階に残された残滓、反転できないもの、シニフィアンで示されえないものがあるということに他なりません。

対象のこれらの形が、部分的と呼ばれる形をとったとしても、我々は決して驚かないでしょう。このことは我々にとって十分に明白なので、我々はこれらを部分的と呼んだのです。つまり分断された形です。例えば、口唇欲動に関係する対象を導入することになったとき、我々は母親の乳首のことを考えたのですが、しかし、基本的な記述的事実を無視してはなりません。ダミーです。ダミー、つまり人工的な性質をもっている何かのことです。どんなおしゃぶりも、口唇欲動の経済においては、まったく同等に機能するのです。

生物学的な事柄を参照すること、欲求を参照すること、それはもちろん必要不可欠なことです。それを拒否しようとしているわけではありません。ただ、原初的、構造的相違がそこに断絶、切断の事実をもち込んでいること、そしてそのすぐ後に、シニフィアン的な弁証法をもち込んでいることに気づいていなくてはなりません。そこには、「より自然な」と私が呼ぶ考え方では、とても到達できないような何かがあるのではないでしょうか。

シニフィアンの次元とは、対象を追跡している動物がまさにその中にとらえられているものに他なりません。ですから、この対象の追跡は、その動物を痕跡とは違う場へと導きます。そこでは、追跡それ自体が当初の価値を失って、それ固有の目的と化しています。幻想、つまりaとの関係における$\$$は、主体をある次元へと入れるシニフィアン的価値をもっています。その次元とは、主体をシニフィカシオンの無限の連鎖へと導く次元です。この連鎖が運命と呼ばれるものです。運命を無限に避けることはできるでしょう。しかし、そうすることでもう一度見出すことになるもの、それはまさに出発点です。いったいどのようにして主体は、このシニフィアンの事情の中へと入っていくのでしょうか。

分析によって印をつけられた最初のいくつかの対象における欲動について、私は皆さんにある構造をお示ししましたが、この構造に、きちんと認識するだけの価値があることは間違いありません。すでに先ほど挙げた対象、切り取られた乳房があります。もっと後になって、母への要求は母の要求へと変転し、スキバル(糞塊)と呼ばれる対象が現

れます。これもまた、性感帯と呼ばれる部位と関わっているからというのでなければ、どうしてこの対象が特別な価値をもっているのか分からないことになります。次のことをよく理解しなければなりません。つまり、ここでもまた、問題の帯域は、ある限界点によって自身が関わっている機能的システムから分離されているということです。機能的システムはその帯域より広いものです。それにしても、排泄機能の中で、なぜとりわけ肛門なのでしょうか。それは括約筋によって規定されているその機能ゆえです。この機能が対象を切断するのに役立つのです。肛門対象、そしてこの対象が表象することになるものすべてに、その価値――よく言われるようにただ贈り物としての価値だけでなく、同一性という価値でもあるのですが――を与え、アクセントを与えているのは、まさにこの切断です。

昨日からとは言いませんが、せいぜい一昨日くらいから、対象関係という視点で人々がこの肛門対象に与えるようになった機能が、私の言っていることによって正当化されることになります。もっとも次のことだけは別です。そこに被分析者の世界モデルを見、そのモデルの中で、成長の過程が、全的で真正と見なされた諸反応の進展的再生を可能にしていると考えるのは無理だという点です。違うのです。ここで目を向けるべきはただクズのみです。そのクズが、重要なたった一つのもの、すなわち空の場を指し示しているのです。

この空の場に、はるかに面白い他のものがいろいろとやってきます。ちなみに皆さんはそれらのものについてすでに知っています。ただ、それらのものをどう位置づければいいのか、知らないだけです。今日のところは、この空の場については、それが確実にあるということだけ念頭に置いておいてください。

我々がしていることの内の何かが、どうしても不安についての実存主義的な理論、さらには実存主義者的な理論を思い出させるところがあるようですので、皆さんはおそらく、実存主義的な視点、少なくとも近代という時代における実存主義的視点の始祖たちの一人がやはり空に関心を抱いていたということに、お気づきでしょう。

パスカルのことを言っているのです。パスカルという人物がなぜ我々を魅了するのか、しかも、科学の理論家たちに言わせれば、彼はすべてのことでしくじっているのに、この人がなぜこれほどに我々を魅了するのか、我々はあまり分かっていません。少なくとも彼は、微積分について、もうちょっとで発見するところまで迫ったように見えながら、取り逃しています。彼はむしろそのことにそれほど関心がなかったのだと思います。もっと彼の関心を引く他の何かがあったからです。そして、だからこそ彼はなお我々の気持ちを、我々の内まったく不信仰な者までを含めて、動かすのです。ジャンセニスト(厳格主義者)でありながら、パスカルは欲望というものに関心を向けていました。誤解を恐れずに言えば、だからこそ、彼はピュイ・ド・ドームの実験(6)、真空の実験に手を染めたのです。

真空は、理論的な点で我々の関心を引くことはもはやありません。我々にとってそれはもはやほとんど意味をもっていません。我々は、真空の中に、なお穴、充満した部分、そして波の束などありとあらゆるものがありうるということを知っています。しかし、自然が空を恐れているか否かはともかく、パスカルにとって、真空は主要な問題でした。なぜなら真空は当時の学者たちの欲望に対する恐怖を表していたからです。それまで、自然が恐れていたか否かはともかく、少なくともすべての思考は、空というものがどこかに存在するということを恐れていたのです。

このことこそ、我々の注意を引く点です。そして、我々もまた今なお時々この恐怖にとらわれているのでしょうか。そのことをこれから問わねばなりません。

一九六二年一二月一二日

訳註

(1)「トリチェリの実験」。一方の端を閉じた長さ一メートルのガラス管に水銀を詰め、その口を押さえて、水銀の入っている器の中に入れ、逆さまにして立てる。すると、管内の水銀面は器の水銀面から七六センチの高さのところで止まり、管の上に真空部分ができる。

（2）原語は le tiers-ordre. 修道会はしばしば三つの構成員を分けて呼ぶ。第一に修道士、第二に修道女、そして在俗修道者である。
（3）フロイトの論文『快原理の彼岸』（全集第一七巻、岩波書店、五三頁―一一五頁）の導入部で語られる一歳半の幼児の遊び。
（4）本訳書九八頁「消された痕跡のシェーマ」の後の段落参照。
（5）ホメロス、『オデュッセイア』に女神アテネがゼウスに向かって言った言葉に答えて、ゼウスが次のように言うくだりがある。「私の娘よ、なんという言葉が、そなたの歯並の垣根から、遁れ出て来たのか。どうして、それだといって、私がまあ神のようなオデュッセウスを、忘れられよう」。あるいは、テレマコスの発言に対し、女神アテネが次のように言うくだりがある。「テレマコスよ、なんという言葉が、あなたの歯並の垣根をもれて出たことか」。これらの文脈からすると、「歯並の垣根」は、「言うべきでない言葉を押しとどめている垣根」ということになる。
（6）Puy de Dôme はフランスの地名。かねてからトリチェリの真空実験のことを聞いていたパスカルは、義兄ペリエの協力を得て、ピュイ・ド・ドームで、水銀柱を使って真空と大気圧の関係を証明した。これを「ピュイ・ド・ドームの実験」と呼ぶ。

Ⅵ　騙さないもの

さて、私がここで皆さんにお話ししているのは、形而上学に属することではありません。これは、むしろ洗脳です。私はこの洗脳という言葉を数年前から、つまり、まだ時事的な事柄がこの言葉を際立たせる前から、敢えて使ってきました。私が洗脳というこの言葉で言わんとしているのは、ある一つの方法によって、皆さんが皆さんの経験の中に現れてくることを適切な箇所で捉えることができるようにする、ということです。もちろん、私がここでやっていることの有効性は、ただ経験でしか実証されえないことですが。

私に対して、私が分析で担当している人たちが私の教育の場にも出席しているということで、反論が寄せられることがありました。私に対する二つの関係、つまり私の話を聞く関係と私に話を聞かせる関係が共存していることが正当化されるか否かは、結局、内部からしか判断できないことです。私がここで皆さんに教えていることは、それぞれの人にとって、そして私とともに作業している人々にとって、自身の固有の道を認識することを本当に容易にしているのでしょうか。そこには、確かに、外的な検証が停止してしまう一つの限界があります。しかし、これら二つの立場に同時に参加している人たちが少なくともよりよく読む術を獲得するのを見ることは、悪い兆候ではありません。洗脳、私は先ほどそのように言いました。私にとってそれは、私が、分析している人々の発言の中に、本に書かれていることとは異なることを認識しうると皆さんにお示しできるかどうか、そうした検証に私が身を委ねることです。そして、逆に、彼らにとっては、それは本の中に実際にあることを、本の中に認識することができることを示すことなのです。

ですから私は、私が分析している人の口から最近もたらされたようなちょっとした兆候に、満足するほかありません。

フェレンツィのある本の一節に見出される切り口の射程を、実際、その人は見逃しませんでした。その本の翻訳はやっと最近出たところです。

1

その本の原題は『Versuch einer Genitaltheorie』で、まさしく『性器活動理論の研究 Recherche d'une théorie de la génitalité』というものですが、フランス語訳では『性生活の諸起源の研究 Recherche des origines de la vie sexuelle』と訳されていて、意味がぼかされています。

この著書は確かにある面では波紋を呼ばずにはいないものです。分かる人には分かるように、私はもうだいぶ以前から、そこには場合によっては妄想とも言えるものがあると指摘してきました。しかしこの本は、並外れた経験を示しながら、その回りくどい表現の内に、我々にとってとても貴重ないくつかの切り口を残しています。

この切り口について、著者自身が、その価値にふさわしいだけの力点を与えていないことは確かだと思います。この探求の中での彼の意図は、その研究対象について、過度に調和化し、全体化するような概念、つまり性器的実現という概念へと至ることにあるからです。

その途中で彼は次のような言葉で書いています。「性器的セクシュアリティの発達、我々はいま男性——まず男のことが取り上げられていますーーにおいてその概略を図式化してきたが、この発達は女性においてはむしろ予期せぬ中断を被ることになる」。このように翻訳では「むしろ予期せぬ中断」となっていますが、これはまったく不適切な訳です。ドイツ語では「eine ziemlich unvermittelte Unterbrechung」であり、これは「大部分の場合ほとんど無媒介の中断」ということです。これは、その中断が、フェレンツィが両性混合的と形容しているものに属していないことを意味しています。両性混合的とは、つまるところ、我々が正‐反‐合と呼んでいるもの、すなわちいわば弁証法的進展の自然形の一つに他なりません。弁証法は、フェレンツィの意識の中ではそれほど価値が置かれていないのですが、それでも彼の理論構築のすべてを、実際に賦活している用語であることに変わりはありません。この中断が「unvermittelte 無媒介の」と呼ばれているのは、この中断が弁証法という媒介的な過程にとって脇道だからであり、ここでは性器的調和という総合を見出さねばならないことを忘れてはなりません。ですから、この中断はむしろ袋小路にあること、つまり媒介による進展の外部にあると理解すべきです。

フェレンツィはこう言っています。この中断は「クリトリス、つまり女性のペニスから膣腔への性感の移動によって特徴づけられる」。ここで彼はただフロイトが言っていることを強調しているだけです。「分析経験は我々に次のように想定させる。女性では、膣だけでなく身体の他の部位も性器化することができる。ヒステリーが同じく証言しているように、特に乳首とその周囲がそうである」。

ご存知のように、ヒステリーにおいては、この点に該当する帯域が他にもたくさんあります。ところが翻訳は、ここに素材として挙げられているものの貴重さを確実に追うことをしなかったために、不明瞭で、何か冗漫なものになっています。ドイツ語では、「同じく証言している」とは書いてありません。「nach Art der Hysterie」つまり「ヒステリーのやり方で」あるいは「……〔ヒステリー〕の様式に従って」と書いてあるのです。

聞く術を――ここであれ、他の場所であれ――学んだ人にとって、これは何を意味しているでしょうか。膣が、ヒステリーの他のメカニズムすべてと厳密に等価なメカニズムによって、性器的な関係の中で機能し始めるということに他なりません。

我々はどうしてこのことに驚くことがあるでしょう。欲望の機能における空なる場についての我々のシェーマは、ここにある逆説、以下のように定義される逆説を、位置づけさせてくれます。

享楽の場、享楽の家は、普通、つまり自然には、解剖‐生理学的研究の経験が確固たる仕方でその器官には感覚がないと教えている器官へと位置づけられます。感覚がないというのは、その器官は神経が通じていないためにいかなる感覚にも目覚めないという意味です。性器的享楽の最後の場は、他のどんな粘膜も耐えられないほどの温度に達した熱湯をかけても直接に感覚的反応をもたらさない場所です。これはなにも神秘ではありません。

いわゆる成熟という通時的な神話へと踏み入る前に、こうした相関に目を配っておくのにはそれなりの理由があります。成熟神話では、到達点、つまり性器的な機能における性的機能の成就は、それまでに部分的な傾向性として現れていたすべてのものの収斂、総合の場ということにされています。欲望の機能点における空の場の必然性を認識すること、そして、自然そのもの、つまり生理が他の所には欲望の最適な機能点を見出すことができなかったという点を確認することは、いわゆる膣の享楽をめぐる多くの神話的構築物を想像させた逆説の重い枷から我々を解放し、また、我々をより明瞭な立場へと置いてくれます。しかし、だからといって、もちろんその向こうに何も示されないというわけではありません。

皆さんの中で、女性のセクシュアリティに関するアムステルダムでの我々の学会に参加された方々は、そこで多くの貴重な事柄が議論されていたことを覚えておいででしょう。もっとも、それらの役に立つ事柄も、討議の冒頭で私がお示しした構造的な登録簿を欠いていたために、実際に効果的に連接化され、標識されることはありませんでした。これからここで、その構造的な連接について皆さんにお示ししようと思います。そして、神経症の階梯とも呼びうるものの中でヒステリーに与えるべき位置に関して人々は多くのパラドクスに陥っているのですが、我々が、この黒板の図に示されていることを知っておくことは、この際、極めて貴重なことです。

ヒステリー機制――その主要な部分についてはすでにお示ししました――からの明白な類推によって、ヒステリーは、性器的な達成にもっとも近いという理由で、もっとも進んだ神経症と考えられています。この通時的な考え方からすると、我々は、ヒステリーを幼児期の成熟の終局点に置かなくてはならないのですが、しかし、その一方で、その始まりに置かなければならないことにもなります。なぜなら、臨床が示すところによれば、ヒステリーは神経症の階梯の中で逆にもっとも初期のものとみなすべきものであり、まさにヒステリーの上に強迫神経症の諸々の構築物が築かれているからです。また、精神病とヒステリー、そして統合失調症とヒステリーの関係は明らかであり、この点はこれまでも強調されてきました。

提示すべき症例の必要に応じてあれこれと右往左往するのではなく、ヒステリーをいわゆる発展的相期の、ある時は最後に置き、またある時は始めに置くというようなことをしないで済む唯一の方法は、まずはそれを支配的なもの、つまり、欲望そのものの共時的・構成的構造へと結びつけることです。そこでは、私が空白、空の場としてお示ししたものが本質的な機能を果たしています。この機能が性器的関係の完成した構造において明白になるということは、我々の方法の正当性を確認することであり、また、性器的なものの諸現象についてのより明確な見方、より整理された見方の端緒でもあります。

おそらく以上のことを我々が直接に見るには、いくつか障害があるのでしょう。そこに辿り着くまでにはなお少々の回り道をしなくてはなりません。不安という回り道です。まさにそのためにこそ、我々はここにいるのです。

2

今年度の我々の言説の第一期がこうして年とともに終わるこの時期[1]は、不安の構造というものがあるということを強調するのに、いい機会です。

私の言説の最初から黒板に書かれている速記録的な形の助けを借りて、そしてそれがもたらすいくつかの鋭い断端――それはその特異的性格において捉えられるべきものです――を使って、私は皆さんのために不安の構造に取り組んできました。しかし私はまだ、ある一つの点について十分に強調してきませんでした。

この描線は、断面から見た鏡です。鏡というものは無限に広がっているわけではありませんから、限界があるわけです。このシェーマを取り出してきた元の論文をご覧になれば、私がこの鏡の限界について強調していることがお分かりになるでしょう。この鏡のおかげで主体は、彼自身が直接には知覚できない空間に位置づけられるある点を見ることが可能になります。しかし、他の方法では見ることのできない何ものかに鏡が気づかせてくれるからといって、私は必ずしも私自身を、あるいは私の眼そのものを鏡の中に見るというわけではありません。これによって私は、不安の構造に関して最初に明言すべきは、不安は枠づけられ《アンカドレ》ているという点だ、と言わんとしているのです。皆さんはつねに鏡の内容に魅了され、鏡の限界を忘却しているために、様々な観察の中でいつもこれを無視しているのです。

幻想を主題に開催された地方会での私の発言を――そのときのテキストを送り返してくれるのを私はもう二カ月と一週間待っているのですが――お聞きになった方は、そのとき私が使った比喩、窓枠という額ぶち《アンカドルマン》に配置された絵画という比喩を覚えておいでと思います。もし、これがただ絵の上にあるものをよりよく見るためになされたことだとすれば、これは確かに馬鹿げた方法ですが、ここで問題になっているのはそういうことではありません。画布の上に描かれたものの魅力がどうあれ、むしろ問題なのは、窓から見えるものを見ないという点なのです。

幻想の純粋かつ図式的な形が、曖昧なところなく夢に現れるのを見ることがあります。『狼男』の観察記録における夢がそれです。この反復夢はその構造が純粋に露わになった幻想であるからこそ重要なのであり、フロイトはこれを中心的なものとして選びました。この観察記録が我々にとっていまだ汲み尽くされず、また汲み尽しえない性質をもっているのは、この夢で問題になっているのが徹頭徹尾、幻想と現実的なものとの関係であるからです。ところで我々はこの夢に何を見るのでしょうか。窓の突然の裂け目です。裂け目という言葉も突然という言葉も実際に使われている言葉です。幻想は、ガラスの向こう側に、開かれた窓を通して見えます。幻想が枠づけられているのです。

向こうに見えるものについて、皆さんはそこに、私のシェーマの鏡の中に皆さんが見る構造と同じ構造を認めることでしょう。いずれにも二つの横木があります。様々な程度に発展した支えの横木と、支えられている何ものかの横木です。この夢においては、それは木の枝の上の狼たちです。こうしたものを見つけるためには、統合失調症者の描いた絵からどれでも任意に取り出せば、ふんだんに見出すことができます。場合によっては、先端に何ものかをつけている何らかの木を見出すこともあるでしょう。

ジャン・ボボンが表現現象に関する先日のアントワープの学会で行った報告(2)から最初の例を取り上げましょう。ある女性統合失調症者のこのデッサンを見てください。枝の先にあるのは何でしょう。この患者にとって、狼男においてて狼が果たしていた役割を果たしているもの、それはシニフィアンです。木の枝の先に、彼女は自身の秘密の定式を書き込んでいます。「Io sono sempre vista」、これは彼女がそれまで決して言えなかったこと、つまり「私はつねに見るものだ」ということです。しかし、ここで立ち止まって皆さんに気づいていただかなくてはならないことがあります。イタリア語で「vista 見るもの」は、フランス語と同様、両義的な意味をもっています。これは単なる過

「*Io sono sempre vista* 私はつねに見るものだ」

イザベラのデッサン（リエージュのジャン・ボボンの観察による）

去分詞ではありません。これは二つの意味、主体的な意味と対象的な意味の両方をもつ名詞「la vue」でもあります。つまり、視覚《ヴュ》の機能としての「la vue」、他方で、風景の眺め《ヴュ》と言われるような見られるものであること、つまり絵葉書の図案として捉えられるような「la vue」です。

今日、私がただ強調しておきたい点、それは、怖いもの、怪しげなもの、気懸かりな《アンキエタン》もの、つまり、ドイツ語のあの見事な「unheimlich 不気味な」を何とかフランス語に翻訳しようとして用いられるものすべては、天窓から入ってくるということです。不安の場は枠づけられて位置づけられるのです。こうして皆さんは私がこの議論の導入の折に言及したものを再び見出します。つまり場面《セーヌ》(舞台)と世界との関係です。

「不意に」「突然に」、こうした語は、「unheimlich 不気味な」ものの現象の出現の瞬間にはつきものです。そこに皆さんは、それ固有の次元で現れる舞台を、世界の中では言われることの「できない」ものが出現することを可能にする、あの舞台を見出すことでしょう。

幕が上がる時いつも我々が待ち受けているもの、それはいったい何でしょう。それはまさに、短い不安の瞬間、たちまちのうちに消える瞬間、我々が劇場に行き、それなりに値の張るシートにただ腰を埋めるだけでなく、それ以上のことをすればそれだけ必ず現れる瞬間です。床を三度叩く合図の瞬間、幕が上がるあの瞬間、このたちまち消される不安の導入の時がなければ、悲劇であれ、喜劇であれ、その後展開するものは何も価値をもつことはないでしょう。

先に私は「〔言われることの〕できないもの ce qui ne peut pas」と言いました。ここでもすべての言語が同じ表現手段をもっているわけではありません。ここで問題なのは「können」ではありません。もちろん、多くのものは、物質的な意味では言われることができます。問題なのは「dürfen」であって、これは「許される permis」とか「許されない pas permis」ではうまく訳すことのできない「権能 pouvoir」です。「dürfen」という語はもっと始原的な次元に関わるものです。「man darf nicht」だからこそ、つまりなされるべきではないからこそ、「man kann」つまり、できるだろうということになるのです。そこで働いているのは強制であり、緩和《デタント》の次元です。それこそ、本来の意味での劇的な行動が構成するものです。

　不安のこの枠づけに関する微妙な差異にはいくら気を配っても十分すぎるということはありません。皆さんは、私が不安を、待受け、準備、警戒状態、これから到来することに対する防衛であるような応答といった意味へと、無理に捻じ曲げていると言われるかもしれません。確かにそうなのです。これは「Erwartung 待受け《アタント》」であり、敵対物そのものの構成であり、「Hilflosigkeit 寄る辺なさ」を超えたところへの最初の要請です。待受けがとりわけ不安の枠づけの役に立つとしても、待受けがつねに不可欠というわけではありません。待受けなどなくとも、枠づけはつねにそこにあるからです。しかし、不安はただそれだけのものではありません。

　不安、それはまさに、この枠組みの中に、すでにそこにあったもの、はるかに近しくあったもの、家、つまり「Heim 我が家」にあったものが現れる時です。皆さんは、それは客[3](hôte)のことだ、と言われるかもしれません。ある意味でそれは確かに客です。思いがけない仕方で現れるこの未知なる客は「unheimlich 不気味な」ものにおいて遭遇するものと強い関わりがあります。しかし、この客(hôte)についてただこのように指し示すだけではまるで不十分でしょう。なぜならその語の普通の意味が示しているように、特にフランス語で言えることですが、それは、待受けによって十分に変質した何者かであるからです。

　この客(hôte)、それはすでに敵対物(hostile)へと移行してしまっていたものです。先ほど、私が待受けに関する言説を開始したときに触れたあの敵対物です。客は、通常の意味においては、「le heimlich 私秘的なもの」、家の住人《アビタン》ではありません。それはなだめられ、弱められ、容認された敵対者です。「Heim 我が家」であるもの、「Geheimnis 秘密」を帯びているものは、決して認識の回り道、網、篩を通過することはありません。それは、「unheimlich 不気味な」にとどまったのであり、慣れることができない(inhabituable)というより、住んでいない(inhabitant)、尋常でない(inhabituel)というより、住む人がいない(inhabité)、そうしたものなのです。枠の中での「le heimlich 私秘的なもの」の出現、これこそが不安の現象です。だからこそ、不安には対象がないと言ってしまうのは間違いなのです。

不安はいわゆる対象の覚知における対象とは異なる種類の対象をもっています。いわゆる対象の覚知は、切断の格子、畝の格子、一なる切痕の格子、つねに唇を閉じて作用する「それはそれ C'est ça」の格子、つまり諸シニフィアンの切断の格子によって準備され、構造化されています。そして、その諸シニフィアンはすでに封をされて他の痕跡へと回付される閉じた手紙となっているのです。

諸シニフィアンは世界を痕跡の網にします。そのときから、この網の中で、ある回路から別の回路へと移行することが可能となります。それはシニフィアンが世界を生み出すということを意味し、話す主体のそのような世界の本質的特徴は、そこでは騙すことが可能であるということです。

不安、それは切断そのものです。その切断がなければ、シニフィアンの存在も、シニフィアンの機能も、現実界にシニフィアンが残す畝も、すべてが考えられないものとなる、そういう切断です。不安とは、この口をあいた切断であり、それが、皆さんがいまやよくご存知のもの、予想外のもの、来訪、新しいもの、予感《プレサンチマン》という言葉がよく表しているものを出現させるのです。予感《プレサンチマン》という言葉は単に何かの予感というような意味だけにとらないでください。それは「前《プレ》‐感覚《サンチマン》」、つまり感覚の誕生以前にあるものでもあるのです。

すべての方向転換[4]は不安を開始点にして初めて可能になります。我々が究極において待受け《アタンドル》ていたもの、そして不安の真の実質であるもの、それは「騙さないもの」、まったく疑いのないもの、です。

見かけに騙されないでください。不安と疑い、不安とためらい、不安と強迫神経症のいわゆる両価的活動などの結びつきが臨床的に明白に見えるからといって、それらのものが同じだというわけではありません。不安は疑いではありません。不安は疑いの原因です。

因果性の機能が二世紀にわたる批判的な疑義に耐えて生き残っているのは、因果性というものはそれに対する反駁が向けられた場所以外のところにあるからです。このことを指摘しなければならないのは、今日が初めてではありません。そして、これからもまたその点には触れることになるでしょう。原因の機能を維持することの意義、その真の機能、真の重さを探すべき次元があるとすれば、それは不安という開口《ウヴェルチュール》の方向に他なりません。疑い――そして疑いが費やす労苦――が起こるのは、不安と戦うため、しかもルアーを通して戦うために他なりません。それは、不安の中で、恐ろしい確信によって維持されているものを避けねばならないということなのです。

3

皆さんは、私がこれまで何回かアフォリズム的な仕方で確信について次のようなことを言ってきたではないかと、私に言いたいと思われるでしょう。つまり、人間の活動《アクティヴィテ》のすべては確信の中で開花する、さらには人間の活動が確信を生む、そしてもっと一般的な言い方をするなら、確信の参照点は本質的に行動《アクスィオン》である、と。

確かに、そう言いました。もちろんです。それだからこそ、私はいま、行動は、おそらく不安から、その確信を借りているのだと言うことができるのです。

行為《アジール》するとは、不安からその確信を奪うことです。行為するとは、不安の転移を操作することです。

我々は学期の終わりにさしかかっていますので、少し早めではありますが、左のような表を提示し、最初のセミネールの表〔図4、一八頁参照〕で私が空欄にして残しておいたところを、ここでほぼ埋めてしまおうと思います。これは、フロイトの制止、症状、不安、という用語を出発点にして組み立てられた表で、そこに妨《アンペシュマン》げと塞《アンバラ》がり、感動《エモスィヨン》と動揺《エモワ》という語を補って配置してあります。空欄になっているところには何が入るのでしょうか。行為への移行《パッサージュ・ア・ラクト》と「アクティング・アウト」です（図8）。

制止	妨《アンペシュマン》　げ	塞《アンバラ》がり
感　動《エモスィヨン》	**症状**	行為への移行《パッサージュ・ア・ラクト》
動揺《エモワ》	「Acting out」	**不安**

図8　不安の表

今日は、なぜここに「アクティング・アウト」なのか、お話しする時間がありません。だからこそ、私は先ほどこの表を「ほぼ」補うとしか言わなかったのです。それでも、皆さんにはこの道をさらに進み、次の対置にお気づきいただきたいと思います。それは、今朝の話題と強い関係にあるのですが、私がこれらの語を導入したそのときからすでに内に含まれ、そこに表現されていた対置、つまり、塞《アンバラ》がりの中にある過剰なものと、動揺《エモワ》、「esmayer」の中にある過少なものとの対置です。この「esmayer」は、以前申し上げたように、欠損している権能《プヴワール》の喚起であり、欲求の中で皆さんに欠けているものの経験です。

これら二つの用語の結びつきは我々の主題にとって本質的なものです。なぜならこの結びつきは両義性を強調しているからです。我々が関わっているものが過剰であるなら、それが我々に欠如していることはありません。もし、それが我々に欠如しているとすれば、なぜ一方で、それが我々を塞い《アンバラセ》でいるなどと言うのでしょう。

ここで心地よい幻想に屈しないように注意しましょう。

科学的な視点から不安について語ってきた人々がいったい何を望んできたのか、それを我々は、自ら不安と立ち向かいながら、認識することにしましょう。もちろんです。まさにここでこそ、私が世界の構成にとって必須のものとしてはじめに置かなければならなかったもの、つまり騙しの可能性としてのシニフィアンが、無駄でないものとして露わになるのです。まさに不安が問題になるとき、このことはより明確に理解されます。ここで理解されること、それは何でしょうか。それは、科学的に不安に接近するということは、つねに、不安が巨大な欺瞞であることを示すことだという点です。

我々の言説の征服が及んでいるもののすべては、結局つねに、不安とは巨大な欺瞞であることを繰り返し示しているのですが、そのことに人々は気づきません。現象を思考で制御するということ、それはつねに、いかにひとが騙しという仕方で現象を作ることができるかを示すということです。それは、現象を再現できること、現象から一つのシニフィアンを作ることができるということです。何のシニフィアンでしょう。主体はこの現象を再現しながら、会計簿をでっち上げたのです。シニフィアンとは世界の流れの中の主体の痕跡であるということが真実なら、これはなにも我々をびっくりさせることではありません。ただ、もし我々が、不安との間でこのゲームを続けることができると思っているなら、我々は事態を取り逃がすことになります。不安はこのゲームからまさしく逃れているからです。

まさにこのことこそ、過剰なシニフィアンと塞《アンバラ》がりとの関係と、過少なシニフィアンと欠如との関係という、これら二つの関係が何を意味しているかを把握しようとするとき、気をつけなければならない点です。これから例をお示ししましょう。お分かりでしょうが、分析がなかったら、私はこのことについて話すこともできなかったでしょう。分析はこのことに最初の曲がり角から遭遇してきたのです。例えば、ファルスです。

ハンス少年はアリストテレスばりの論理家ですから、「すべての生命存在はファルスをもっている」という方程式を立てました。皆さんはハンス症例の分析に関する私の注釈を聞いてきた方々だと思いますし、昨年、私がいわゆる普遍肯定命題について注意深く強調したことを覚えていると思います。つまり、普遍肯定命題は不可能を出発点とした現実の定義という以外の意味をもっていないという点です。ある存在がファルスをもっていないことは不可能である。お分かりのように、このときから論理は、現実的なものをして不可能なものの中で永遠に躓くことを余儀なくさせるという、本質的に不安定な機能をもっていることになります。このことを覚知しようとするなら、躓きから躓きへと辿って進む以外、方法はありません。

例を挙げましょう。ファルスをもたない生きた存在がいる、例えばママ。とすれば、生きているものはいないということだ。そこで不安です。

次の一歩が踏み出されなければなりません。ファルスをもっていない人たちもファルスをもっているのだと言うことが、もっとも都合のいい一歩です。だからこそ、我々は概ねこうした解に執着します。ファルスをもっていない生きた存在も、結局どうしたっていずれファルスをもつだろう、というわけです。彼らはファルスをもつだろうから、彼らは生きものだろう。我々、心理に通じた者はこれを非現実的なファルスと呼ぶでしょう。これは単にシニフィアン・ファルスとなるであろうものなのです。こうして、この了解は――あえて認知と呼ぶことはいたしません、了解です――躓き躓きしつつ、前へと進むのです。

話のついでですが、一つの見つけもの、発見について、ぜひお話ししておきたいと思います。偶然と呼ばれるものは実は偶然でないことが多いのですが、私がつい先週末、偶然に「スラング」の辞典から皆さんのために見つけたある発見のことです。

さて、〔いま辞書をめくっていますが〕辿り着くにはちょっと時間がかかるでしょうから待ってください。それにしても英語はすばらしい言語です。ご存知の方はいらっしゃらないでしょうが、一五世紀にはすでに、英語では「I understand you perfectly」を「I understumble you perfectly」と言う、すばらしい「スラング」があったようです。発音上ではニュアンスが分からないでしょうから、ここに書きましょう。フランス語には訳しようのないこの「understumble」は、理解するという意味の「understand」の中にまさに躓きを意味する「stumble」という語を溶け込ませているのです。理解すること、それはつねに、誤解の中でどうにかこうにか進むことなのです。

古典心理学は、経験の織物は現実的なものと非現実的なものによって織られていて、ひとは現実的なものの中の非現実的なものによって苛まれていると教えています。そうだとしても、非現実的なものを取り除こうと望むことはまったく無駄なことになるでしょう。フロイトの成果が教えるところによれば、真に気懸かり《アンキエタン》なのは、非現実的なものの中で、現実的なものこそが人を苛んでいることなのですから。

人間の気遣い《ススィ》、「Sorge 気遣い」、哲学者ハイデガーは我々にそう言っています。もちろんです。我々はずいぶんと前進したものです。しかし、「Sorge 気遣い」が究極的な言葉でしょうか。動く前に、話す前に、仕事に取り掛かる前に、気遣いが前提とされています。これは何を意味しているのでしょうか。ここですでに我々が気遣いの技芸の水準にあることが分かるのではないでしょうか。人間は、明らかに、ひとに関して言えば、気遣いと呼ばれる何ものかの大いなる生産者です。ところで、私はむしろこの気遣いについては聖なる書から学びたいと思っています。聖なる書と言っても、それは同時にもっとも冒瀆的な書でもあります。伝道の書《エクレズィヤスト》(5)です。

この題名は、「Qoheleth」という語の、七十人会によるギリシャ語訳です。「Qoheleth」という語はハパックス、つまりこの唯一の機会にだけ使われている語です。この語は「Qahal 会衆」という語に由来しています。「Qoheleth」はその抽象的な形で、女性形であり、集結させる美徳、再結集させるものといった意味をもっています。「Ecclésiaste」と言うより、むしろ「Ecclesia 民会」と言ってもいいでしょう。

私が聖なる書でありもっとも冒瀆的な書と呼んだこの書は、我々に何を教えているのでしょうか。哲学者はこの書にエピキュリアンからの何らかの影響を読み取って、ここでもやはり躓いています。そんなことをどこかで読みました。伝道の書《エクレズィヤスト》にからんで、エピキュリアンです。話になりません。エピキュロスがもうずっと前から我々を平穏にしてくれなくなったということはよく知っています。ご存知のように、それが彼の目論見でした。しかし伝道の書が、我々に同じ効果を引き起こす機会がわずかなりともあったと言えるとしたら、それは、伝道の書を少しも開いたことがなかったということです。

「〈神〉は私に享楽せよと要求する」、これはそのままの引用です。〈聖書〉はそれでも〈神〉の言葉です。そして、たとえそれが〈神〉の言葉でないとしても、皆さんは、ユダヤ人の〈神〉とプラトンの〈神〉との間にあるまったくの違いにすでにお気づきのことと思います。キリスト教の歴史が、ユダヤ人の〈神〉に関連して、プラトンの〈神〉に、ユダヤ人の〈神〉の精神病的逃避を見出すべきだと信じてきたとしても、アリストテレスの普遍の動者としての〈神〉、至高善の〈神〉――プラトンの妄想的な考え方です――とユダヤ人の〈神〉との間にある違いについて、ここでぜひとも思い出しておくべきでしょう。ユダヤ人の〈神〉とは、ひとがそれと話し、皆さんに何事かを要求する神、伝道の書の中で皆さんに「享楽せよ Jouis」と命じている〈神〉です。これこそ真に頂点です。

命令に従って享楽すること、それは、各々の人がもし不安に源泉があり起源があるとしたら、その源泉はまさにこのことを通してどこかに見出されるはずだと感じる、そうした何かです。この「享楽せよ Jouis」に対し、私が何か答えることができるとしたら、それはただ一つ「私は聞き入れる J'ouïs」でしかないのですが、しかし、私はそう容易に享楽できるわけではありません。これこそ、そこで、話す〈神〉が、つまり「我はありてあるものなり」と我々にはっきりと言う者が、我々に対して現前化する、現前の次元です。

〈神〉が私の射程にいるうちに、前に進み、〈神〉の要求の領野へと踏み入るために、以下のことをお話ししておきましょう。というのも、それは我々の主題に非常に近く、いまこそまさにその時だからです。私がこれに気づいたのが最近でないことは皆さんご存知でしょう。選ばれた民、特別な民への要求の中に、まさに的確な要求があるのです。しかもこの〈神〉は、この的確な言葉を見つけだすために、何も私のセミネールのことを事前に察知している必要もなかったようです。まさに割礼と呼ばれる要求があるのです。〈神〉は我々に享楽せよ、と命令し、その上、使用法にまで立ち入っています。要求を正確に示し、対象を取り出すことまでしているのです。

まさにこの点において、割礼を去勢と関係づけて考えてきたために、ずっと前から極めて大きな混乱、そして不手際が生じずにはいませんでした。私だけでなく皆さんもそうだと思います。

もちろん、そこには類推的な関係はあります。なぜなら、そこには不安の対象との関係があるからです。しかし、割礼について、それは、我々が呼ぶところの去勢や去勢コンプレックスの原因であり、その代表であり、またその同類であると言ってしまっては、大きな間違いを犯すことになります。そう言うことは、症状から外に出ないこと、つまり割礼された主体について、割礼の刻印と、彼の去勢コンプレックスに関連した神経症において問題となっていることとの混同によって生じうるものから外に出ないことです。

割礼ほど去勢的でないものはありません。これがうまく行われたなら、殊にマグナ・グラエキア(6)のあの様々の男性器と比べてみれば分かるように、結果はむしろエレガントなものです。私が分析家だというので、古美術商たちが、マグナ・グラエキアの男性器を、ダンプカーで私の家にいっぱい運んできます。秘書が彼らに突き返すと、この性器入りの鞄をもった古美術商たちが庭を帰って行くのが見えます。付言しておくべきなのは、ひどく吐き気を催すような仕方で、いつも包皮が強調されているということです。ですから、やはり割礼の実践には、美的観点から言っても有効な面があるのです。

また、この点について分析の文献の中でくすぶっている混乱をなお繰り返している人たちも、大部分はもう久しい以前から次のことを把握していました。つまり、割礼が、性的類型の曖昧さをシニフィアン的方法で軽減することであったという点です。「私は傷であり、ナイフである」、ボードレールはどこかでそう言っています。しかし、同時に槍《やり》であり鞘《さや》であることを、どうして正常な状態とみなせましょう。割礼の儀礼的実践は、ただ単に、性役割の分割に関して健全な配分を産み出しているのです。

これらの指摘は、お分かりのように、決して脇道的なことではありません。皆さんにはもう割礼は儀式的気まぐれとは見えないでしょう。割礼は、私が皆さんに要求の中にあると考えるようお教えしたものと同じ形をしているからです。つまり、対象の囲い込み、そして切断の機能です。〔身体の〕この限局された帯域から捧げ物として供するよう

〈神〉が要求しているものが、対象を囲い込んだ後、対象を取り出します。その後、この伝統的記号によって識別される人々が、不安との関係において緩和されるどころか、それにはほど遠いということ、これは一つの謎です。

ここで取り上げられた人の一人が、つまり私の聴衆の中の人ではないということですが、ある日、私信で、私のことをキリスト教カバラ派の最後の人だと書いてきました。しかし、ご安心ください。たとえ私が本来のシニフィアンの計算における探求にもたつくということがあったとしても、私のカバラ《ゲマトリア》的解釈が計算において道に迷ってしまうなどということはありませんから。私のカバラ的解釈が私に私の膀胱を提灯と間違えさせる[7]というようなことはありません。むしろ、もしそれが〔遮光して照らす方向を限った〕龕灯提灯であるということになったとしても、私のカバラ的解釈は私に、必要なら、それは私の膀胱だと言わしめるでしょう。

私はフロイトの後から来た者ですから、フロイトよりもはっきりと、〈神〉に「Che vuoi? 汝、何を欲するか」と訊きます。「Che vuoi? 汝、何を欲するか」、換言すれば、欲望と法との関係はいかに、ということです。哲学的伝統がつねに避けてきた問いです。しかし、フロイトはこの問いに答えました。皆さんは、他の誰とも同じように、たとえそのことにまだ気づいていなくとも、それによって生きているのです。フロイトの答えはこうです。欲望と法は同じものである。

私が皆さんに教えていること、私の教えが皆さんを導く先にあること、テキストではエディプス神話の蔭に隠れていますが、すでにテキストの中にあること、それは、アンチテーゼの関係にあるように見える二つの項、欲望と法は、実は同じ一つの障壁であり、いずれもが我々の〈もの〉への接近を遮断しているということです。だからこそ、「Volens, nolens 望もうと望まざろうと」、欲望しつつ、私は法の道へと自ら入り込みます。フロイトは父の把握しがたい欲望に法の起源を結びつけたのです。しかし、彼の発見が、そして分析的踏査のすべてが皆さんを連れ戻しているところ、それは、このルアーの背後にある真のものを見失わないようにするという点です。

私が私の対象について正常化されていようといまいと、私が欲望しているなら、私は私が欲望しているものについて何も知りません。そして、時には、一つの対象が他の諸対象の中から現れ出てきますが、私はなぜその対象がそこにあるのか、知らないのです。

一方に、一つの対象があって、それが私の不安を覆うということを私は学びました。私の恐怖症の対象です。それについて、私には説明が必要だったことは否定しません。なぜなら、その時まで私は、たとえ皆さんについてもっているとかいないとか言ったとしても、私自身の頭の中に何があるのか、よく知らなかったからです。他方に、もう一つ対象があって、私はそれについて、なぜ私がそれを欲望しているのか、真に正当化することができません。私自身のことを言うなら、私は女子たちが嫌いではありません。しかし、どうして私は、それにもまして靴などが好きなのでしょうか。

一方に狼、他方に羊飼いの女(8)です。

不安についての最初のいくつかの整理を、ここで、終わりにしようと思います。

〈神〉の不安な命令について、なお理解しなければならないことがいくつかあります。ディアナの狩りがありましたね。以前、フロイトの百年祭の折に、ディアナはフロイトの探求における〈もの〉であったとお話ししました。次の学期には、狼が獲物を追いつめます。また、お会いしましょう。

一九六二年一二月一九日

訳註

(1) この章は、この年最後のセミネールである。

（2）　Bobon, J.: Psychopathologie de l'expression, Rapport de psychiatrie présenté au Congrès de psychiatrie et de neurologie de langue française, LXe session, Anvers, 9–14 juillet 1962. この報告は Masson から出版されている。Jean Bobon（1912–1990）はベルギーの精神科医、精神病理学者。
（3）　フランス語の「hôte」は、客という意味と同時に主人（host）の意味をもつ。
（4）　ここで「方向転換」と訳した aiguillage は、鉄道のポイント、つまり転轍機による転轍操作の意味があり、転轍機そのものを指す言葉でもある。
（5）　Ecclésiaste は旧約聖書諸書の一書。「空の空。伝道者は言う。空の空。すべては空。日の下で、どんなに労苦しても、それが人に何の益になろう」と始まる。
（6）　文中原語は Grande Grèce であるが、この語はラテン語 Magna Græcia に由来する。古代ギリシャ人が入植した南イタリアおよびシチリア地方を指す。
（7）　「膀胱を提灯だと思う」は、「とんでもない間違いをする（豚肉屋の看板として用いられたふくらませた豚の膀胱を提灯だと思う）」の意の成句。
（8）　狼と羊飼いの女は、鬼ごっこの役の組み合わせ。

対象の境位、再考

Ⅶ　それをもたないではない

物理学
言語学
社会学
生理学
位相幾何学（トポロジー）

フロイトは、精神分析の入門講義の第三二講において、純粋に思弁的な性質をいっさいもたない何ものかを導入することこそ重要だとはっきりと言っています。この講義は『新・精神分析講義 Nouvelles Conférences sur la psychanalyse』に収められています。その講義のタイトルが、フランス語ではこう訳されているのです。

この論文はまったく理解できないフランス語に訳されています。どんなものか、お示ししましょう。こう書かれています。「しかし、諸概念だけが真に重要である」、ここで句点が打たれています。そして「実際、観察の生の素材に当てはめられたときに、そこに秩序と明確さをもたらす抽象的で正しい諸観念を見出さなければならない」と続きます。フロイトの翻訳のような貴重な事柄を、控え室の婦人たち[1]に任せてしまうのはやはり実に困ったことです。

ドイツ語のテキスト[2]では、先に言った箇所に句点はありません。だから、この文にはまったく謎めいたところはないのです。「Sondern es handelt sich wirklich um Auffassungen」。〔訳しましょう。〕諸概念だけが「wirklich 現実に、あるいは実際に」――「真に」ではありません――重要である。つまり、正しく抽象された「Vorstellungen 諸表象」を「einzuführen 明らかにし」なければならない。そして「Rohstoff der Beobachtung 観察の生の素材」にそれらを適用しなければならない。そこから「Ordnung und Durchsichtigkeit」つまり「秩序と透明性」を取り出すことができるだろう、と言っているのです。

この努力、この方針こそ、まさにこの数年我々がここで取り組んできた事柄です。

1

不安について考察してきた道のりの中で、我々は、私が唐突にaという文字で名指したものの境位を、正確に示すことができたと思います。

皆さんは、花瓶の上に書かれているaという文字を、ここに見ます。花瓶は我々にとってリビドーのナルシシズム的な容器を象徴しています。この容器は、〈他者〉つまりAという鏡面を介して固有の身体の像、つまり$i'(a)$との関係に置かれています。二つの間で、固有身体へのリビドーから対象リビドーへの反転とフロイトが呼ぶあの通底する揺れが生じます。$i(a)$と$i'(a)$の間で反転するリビドーという経済論的な揺れにおいて、避けるのではなく、一つの影響という形で介入する何かがあります。その影響の攪乱のあり方こそ、まさに今年度我々が探求しているものです。この対象aのもっとも鮮やかな現れ、この対象aの介入の信号、それが不安です。

だからといって、この対象が不安の裏面に過ぎないというわけではありません。ただ、不安との相関においてでなければ、この対象は介入することも、機能することもないと言っているのです。

不安は、フロイトが教えているように、何かとの関係で信号の機能を果たしています。私に言わせれば、それは、そのもっとも一般的な形での対象aと主体との関係において起きていることに関する信号です。主体は、ある「fading 減衰」という揺れ、つまり棒線を引かれたSで主体を表す表記が示す揺れにおいてのみ、この関係へと入ることができるのです。不安はこの関係のいくつかの契機の信号です。それは、今日これから我々が、この対象aによって何を理解しようとしているのかを明確にすることによって、さらにはっきりとお示ししようとしているものです。

この対象を、我々は一つの文字で示しています。この代数表記はそれなりの機能をもっています。この表記は、この対象が我々に現れる様々な帰結を通してつねに一定であるという同一性を我々に認識させるための糸のようなものです。ですから、この代数表記は、同一性の純粋な標識を我々に与えるという目的で書かれているのです。語による標識はつねに隠喩的であるということ、つまりシニフィアンそのものの機能をそのシニフィアンの導入によって導かれる意味作用の外へと置くことしかできないということを、我々はすでに示してきました。「良い」という語は、「良い」という意味作用を生み出すとしても、その語だけで「良い」わけではありません。まったくそんなことはありません。なぜなら、この語は、同時に「悪い」をも生み出しているからです。

同じように、このaを対象という用語で示すということは、対象という語を隠喩的に使用しているということになります。なぜなら、この対象という用語は、主体-対象の関係から借りてこられているからです。対象という用語が、まさにそこから構成される、あの主体-対象の関係です。対象(objet)という用語は対象性(objectivité)の一般的機能を示すのに確かに適切ではありますが、しかし、我々がaという用語によって語るべきこと、それは、対象性の可能なすべての定義の、まさに外部にある対象のことなのです。

対象性において何が起きているのか、そしてそれが主体的と言われるために何が起きているのかについて、ここでお話しすることはいたしません。科学の領野において——私は科学という言葉で科学一般を指しています——カント以来、対象にいくつかの不運が起きていることは、皆さんご存知だと思います。これらの不運のすべては、あまりに多くの部分をある明証性に帰そうとしてきたことに由来しています。特に、先験的感性論の領野に属する明証性です。

空間の次元と時間の次元の分離を明証的としてきたことによって、科学的対象の練成は、科学的理性の危機と誤って呼ばれているものへと突き当たることになりました。ひとは、あらゆる努力の果てに、物理学のある次元においては、空間と時間という二つの登録簿が独立の変数であり続けることはできないということに気づいたのです。このことは、驚くべきことで、いくつかの精神に、解決不能な問題を課してきました。しかし、象徴的なものに適切な場を取り戻そうとするならば、依拠すべきはまさに対象であるということに我々はすでに気づいているのですから、これらの解決不能な問題は、我々がここで特に注意を向けるべき事柄であるとは思われません。危なっかしい外挿的方法で想像的なものを象徴的なものにおいて使用するということさえしなければ、経験の翻訳と構成において、象徴的なものに適切な場が与えられるはずです。

時間は四次元においては実在化できないという場合の時間と、現実的なものとの一種の超えがたい衝突という言い方で直感的に感じ取ることができる時間とは、実際のところ、何の関係もありません。時間について我々皆にそう見えているもの、明証的なものと考えられているものが、独立変数によって象徴的なものの中に翻訳して示すことができないということを不安に思うのは、出発において範疇的な誤謬を犯しているからに過ぎません。ご存知のように、物理学のある限界点においては、物体においても同じ困難があります。

我々はここで、我々固有の領域にいます。経験に正確な境位を与えるために出発点においてなされなければならないことについて、我々は我々なりに言うべき言葉をもっています。実際、いかなる直感も、フロイトの言うところのいかなる「Durchsichtigkeit 透明性」も、いずれも端的に意識の直感の上に立てられているもので、そうしたものは決して始原的なものでも有効なものでもありえず、いかなる先験的感性論の出発点を構成することもないということを我々の経験は示しています。このことは、主体が決して余すところなく意識の中にあるわけではないということに由来しています。なぜなら、主体は第一に、そして端的に無意識であり、また主体の構成に先立ってシニフィアンの影響があるということを考慮に入れなければならないからです。

問題は、シニフィアンが現実的なものの中に入るということ、そしてそのことからいかにして主体が生じるかという点です。それは、我々が聖霊の降下、羽の生えたシニフィアンの出現のようなものを前にしているということでしょうか。羽の生えたシニフィアンたちがひとりでに現実的なものの中に穴を穿ち始め、穴が現れ、それが主体になるということでしょうか。私が象徴的なもの、現実的なもの、想像的なものという区分を導入したとき、私の念頭にそのような図はまったくなかったと思います。今日、ここで明らかにすべきなのは、いったい何がこのシニフィアンに対して自身を具現化することを可能にしているのか、という点です。

シニフィアンに対して具現化を可能にするもの、それは何よりもまず、我々が互いに自らを露わにするためにもっているもの、つまり我々の身体です。この身体は、ただ単に先験的感性論の諸カテゴリーの中で捉えるべきものではありません。ただ、この身体は、デカルトが延長の領野において物体を創設するような仕方で構成されるものでもありません。そしてまた、それは、単純に鏡の中で与えられるものでもありません。

鏡の経験の中においてさえ、我々がそこにあると信じている像が変形する瞬間というものがありえます。我々が眼前に見ている鏡像、我々の立像、我々の顔、我々の二つの眼であるところのこの鏡像が、我々自身の眼差しの次元を出現させるということがあるとすれば、そして、ことに、鏡の中に現れているこの眼差しが我々自身をもはや見なくなり始める瞬間があるとすれば、その時、この像の価値が変化し始めます。これは、不気味な感覚の「initium 端緒」、アウラ、そしてその黎明であり、不安へと開かれた門なのです。

鏡像から、我々を逃れるこの分身への移行、そこにおいてまさに何かが起こるのです。そして、我々が a の機能に関して与えてきた説明が、その起きた何かについて、現象の場におけるその一般性と現前とを、理解させてくれるのです。この機能は、この不気味な瞬間に現れるものを超えています。先ほど、この不気味な瞬間を位置づけようとしたのは、それがもっともよく知られたものでありながら強度としてはもっとも控えめであるという性質をもっているからです。

この対象の変形はいかにして起こるのでしょうか。位置づけ可能、標識づけ可能、そして交換可能な対象を、一種私的で流通不可能な、しかし幻想において我々の相関物となっているあの優位支配的な対象へと変化させるこの変形はいかにして起こるのでしょうか。この脱皮、変形、啓示の瞬間は正確にはどこに位置づけられるのでしょうか。数年来、このセミネールにおいて皆さんに示してきたいくつかの道、いくつかの見方は、その場を指し示すことを可能にしています。さらに言うなら、何が起きているかを説明することを可能にしています。私が黒板に書いた小さな図は「richtigen Vorstellungen」、つまり正確な諸表象について何かを皆さんに示しています。それらの正確な諸表象は、直感と経験において不透明で曖昧な合図を「durchsichtigbar」つまり「透明な」何かにするものであり、また言葉を換えれば、我々の分析経験に見合う先験的感性論を再構築することを可能にするものです。

不安には対象がないということは広く受け入れられています。これはフロイトが言ったことそのものではなく、フロイトの言ったことの一部からとられた言い方です。そして、これこそ、私が私の言い方で正確に表現し直したいと思っている点なのです。だから、皆さんは、私がメモ(3)の形で黒板に書いてお示しした「不安は対象なしではない」を、信頼できるものとして受け止めていいのです。なぜ私はこれを書いたのでしょうか。

これこそ不安と対象との関係がまさに宙吊りのままになっている定式です。

この対象は正確に言うなら不安の対象ではありません。私は、この「なしではない pas sans」という表現を、主体とファルスとの関係に関してお示しした定式、「主体はファルスをもたないではない Il n'est pas sans l'avoir」においてすでに使いました。

対象のこのような「なしではない」という関係は、だからといってどの対象が問題になっているか分かっているということを意味するわけではありません。例えば、「彼は資力がないわけではない Il n'est pas sans ressources」と言うとき、あるいは「彼に策がないわけではない Il n'est pas sans ruse」と言うとき、それは、この「資力 ressources」が、少なくとも発言している「私」にとっては曖昧であること、あるいは「策 ruse」がありふれたものというわけではないということを、言わんとしているのです。

言語学的な次元においても、「sans」、つまりラテン語の「sine」は「haud」の付加と深く関係しています。ラテン語でも「non haud sine」、つまり「non pas sans」という言い方がされます。これはある種の条件法的な結びつきであって、そこでは、「ある」と「もつ」とが一種の交換性において結ばれています。つまり、「それをもたないではそこにない」のですが、しかし、一方では、「それがあるところでは、それをもっていることは見えない」のです。

ファルスの社会学的な機能が我々に示しているのも、こうしたことではないでしょうか。ここでのファルスは大文字の意味で、つまりΦとして捉えられています。そこでは、ファルスは交換における主体のもっとも疎外的な機能を具現化しています。男性主体は社会的な交換へと走りこみ、ファルスのもち主としてあることへと還元されてしまいます。まさにそのことが、社会化された社会にとって去勢を必須のものとしているのです。社会化された社会には確かに禁止があるでしょう。しかし、クロード・レヴィ゠ストロースが我々に気づかせてくれているように、そこには何よりもまず選択順位があるのです。レヴィ゠ストロースが構造の中で女性の交換を軸に回転させているものの真実、その真の秘密は、女性の交換という形で女性を満たさんとしているのはファルスだということです。しかし、原因となっているのがファルスであると考えてはいけません。原因になっているものが何かあるとすれば、それはむしろ不安です。

ここにならい、複数のレールを繋げてみることができるかもしれません。我々は、不安を参照すると、すぐに去勢コンプレックスのところにやってくることは明白です。さあ、それでは、そこへと進んでいきましょう。

2

皆さんにはすでに何度も念を押してきたことですが、〔去勢〕コンプレックスの去勢は去勢ではありません。そのことはみなが知っていることで、みなが気づいていることですが、不思議なことに誰も注意を払いません。しかし、これは考えてみるだけの価値のあることです。

このイメージ、この幻想は、想像的なものと象徴的なものの間のどこに位置づけるべきでしょうか。そこでは何が起きているのでしょうか。戦争において実践されていたあの残忍な男根切断(éviration)でしょうか。そこで起きていたことは、確かに宦官を作ることよりは男根切断に近いかもしれません。ペニスの切断ということがあります。精神分析が置かれた時代によって、父だったり、母だったりするのですが、父や母の側からのあの幻想的な脅し、「そんなことをするとそれを切っちゃうよ」という幻想的な脅しによって思い浮かべられるペニスの切断です。この切断に十分な重みが与えられていることが、割礼の実践を去勢と考えるためには、必須なのです。この割礼の実践については、先回私が衛生的な意味で参照したいくつかの話を覚えておいででしょう。

割礼の心的な影響というものは決して曖昧なものではありません。この点に注意を向けたのはなにも私一人ではありません。この主題についてなされた最近の仕事の一つにニュンベルクの割礼と両性具有性との関係に関する論文(4)があります。これは確かに注目すべき論文で、彼以前に多くの著者が書いていること、つまり割礼は男性においてまさに男性性という項を取り出すことによって男性性という項を強調する目的をもっていることを思い出させてくれます。少なくとも不安を呼び起こすその影響において、去勢コンプレックスが引き起こす効果と同じくらいの効果をもつものです。まさにこの切断という共通項によって、割礼の手術、包皮、つまりヘブライ語で言うところの「arel」の

「Beschneidung 剪定・刈り込み」を、去勢の領野へともってくることが可能になるのです。

この切断という語には、去勢不安の機能へと一歩を踏み出させる何かがあるのではないでしょうか。「お前のあれを切っちゃうよ」と母親が言います。この母親のことを去勢する母親と呼んでいます。では、次に、ハンス言うところのこの「Wiwimacher おチンチン」はいったいどこに行くのでしょう。ええ、我々の分析経験の中にいつも見られるこの脅威が実際に行われていると認めるなら、おチンチンは、共通で交換可能な対象の操作可能な領域にあるということになるでしょう。つまり、それはそこ、それを切り取った母親の両手の中にあるということになります。これが、まさに、この状況の中の不気味なものとなるのです。

しばしば、我々の患者たちは夢を見ます。その夢の中で、彼らは手の中に対象をもっています。何らかの壊疽によって対象を切り落とされたり、あるいは夢の中のパートナーが気遣って切り落とす手技を実現させたり、あるいは何らかの事故によってそれがなされたりするといった夢です。様々な程度に不気味さと不安とを帯びたこれらの夢は、とりわけ不安を引き起こす性質をもっています。対象が、突然、ハイデガーなら手元性、道具存在性と呼ぶもの、共通の対象という意味における操作性、つまり道具の操作性へと移行すること、この移行はハンスの観察記録の中に夢の形ではっきりと示されています。あの配管工の夢です。配管工は対象をねじ回しで取り、また付けてくれます。また、様々な程度において体に「eingewurzelt 根を張っている」ものを、取り外し可能なものの領域へと移行させるのです。この現象学的転回によって、何が、二つのタイプの対象を互いに対置させているのかを我々は指し示すことができます。

対象の領域を一般的に確立する際の鏡像段階の基本的な機能についてお話しし始めた際に、私はいくつかの段階を区切りました。まず、鏡像への一次的な同一化の平面、つまり自身の全体性の中で主体が自身を見失う原初的な平面があります。そして次に、想像的な他者、自身の似姿との関係において成立する転嫁症的《トランジティヴィスト》な参照があります。そのために、主体の同一性はつねに他者の同一性から切り離しえないものになっているのです。これによって共通対象、競合する対象の媒介が導入されます。この対象の境位は帰属の概念から出現するものです。つまり、それはお前のものか私のものかという点です。

帰属の領野には、二種類の対象があります。分有されることが可能な対象と、分有されることが不可能な対象です。しかし、私は、この分有不可能な対象が分有可能な領域の中へ他の対象と同じように入り込んでいくのを見ることがあります。その境位が丸ごと競合の中に、つまり敵対であると同時に調和でもある両義的機能の中にとどまっている他の対象と同じように入り込んでくるのです。それは査定可能であると同時に交換可能な対象です。しかし、さらに、それとは違う対象も存在します。

私がファルスを前景に置いたのは、去勢という事実によって、ファルスがもっとも華々しいものになっているからです。しかし、他にもファルスと同等のものがいくつかあります。その中でも、ファルスに先行するいくつかのものを皆さんはご存知でしょう。スキバル(糞塊)、そして乳首です。他にも、分析の文献の中では極めてよく現れているのに、皆さんがあまりよくご存知でないものがあります。これからそれをお示しすることにしましょう。これらの対象が分有可能な領野へと自由に入り込んだ時、つまり対象がそこで露わになり、認識可能となった時、不安がこれらの対象の境位の特異性について警告を発するのです。実際、これらこそ、共通の対象、交流可能な対象、社会化された対象の境位の構成に先立ってある対象です。これこそ、小文字のaで問題となっているものです。

これらの対象について、はっきりと名を挙げて言いましょう。これらの対象のカタログを作りましょう。網羅的なカタログをめざして。三つについてはすでに名を挙げました。残るは二つでしかありません。これらはすべて、フロイトが『制止、症状、不安』において、信号の出現の主要な時点に当たるものとして挙げている「Verlust 喪失」の五つの型に対応しています。

さらに先に進む前に、先ほどご覧いただいた転轍点で、いま選択しつつある道とは異なる分岐へと道をとり直したいと思います。いまから一つの指摘をしますが、その指摘の副次的な側面は皆さんにとって示唆に富むものと思います。

我々は女性の性についての生理学的な問いに関しては、まだ一歩も踏み込んでいないと言って、私は分析研究における不十分さを指摘したことがあります。我々は、それと同じ不十分さを男性の不能に関しても認めることができるでしょう。

結局、性交の男性の側の過程、正常ないくつかの段階として示される過程の中で、勃起、そしてオルガスムスの過程については、どんな生理学の本にも書いてあり、それを参照することができます。しかし、オルガスムスの放出が、ある活動過程における刺激‐反応回路の運動部分に当たるという相応関係を当然のように受け入れて、刺激‐反応回路を参照することで我々は満足することができるでしょうか。もちろん、そんなことはできません。フロイトだってそれでは満足しません。フロイトはこの問題を次のような問いとして取り上げています。なぜ、性的な快においては、その回路が他の領域のように興奮のもっとも少ない水準へと戻る最短路の形をとっていないのか、そしてなぜ、興奮の最低水準をできるだけ高く引き上げることによって成立する「Vorlust」――これは前駆快感と訳されていますが――というものがあるのか。さらに、オルガスムスはなぜあの瞬間、つまり、通常は準備段階の快と結びついているあの高揚がまさに中断されるあの瞬間にやってくるのか、という問いです。

我々は、ここで介入してくるものについて、どんな形であれ、何らかのシェーマを描いてきたでしょうか。これに生理学的表象を与えたいと思う人がいるとすれば、我々はすでに神経支配のメカニズムを識別し、取り出し、それを描出してきました。フロイトなら「Abfuhrinnervationen 放出神経伝達」と呼ぶかもしれません。これがあの放出の発現の支えとなっているものと言えましょう。しかし、これについては、その前に機能していたものとは異なるものとして捉えなくてはなりません。なぜなら、その前に機能していたものは、この過程が放出へと向かわないということにこそ、その本質があるからです。それは快の機能の実践ですが、この実践はそれ自身の限界へと漸近し、刺激の高揚のある水準へと到達する直前に、つまり、苦痛の出現の直前にとどまろうとする傾向をもつものです。

では、この「フィードバック」は何に由来するのでしょうか。そのことについて言おうとした人はいません。しかし、いずれにせよ、次のことだけは間違いありません。つまり、これには何らかの仕方で〈他者〉の機能が関与しているに違いないという点です。

以下のことを言うべきなのは、私ではありません。むしろ、正常な性的機能を構成しているものは利他性と結びついていると言っている人たちこそ、以下のことを言うべきなのです。私は彼らが、この点について、いかに贈与の機能が「hic et nunc いまここで」つまり性交の最中に関与してくるかを告白してくれないかと、つねに期待しています。

ご存知と思いますが、愛情生活の混乱にこそ分析経験の重要な部分が潜んでいます。そして、我々の思弁の重要部分が、いわゆる愛情対象の選択と呼ばれているものに関わっています。この領域においては、原初的な対象、母親への参照こそが主要なものであり、その影響は選択的なものであるとされています。そのために、ある人々にとっては、一定の手続きでしかオルガスムスに向かって機能しないということになり、他の人にとっては、他の領野から選ばれたパートナーでなければそうはいかない、ということになるのです。娼婦との関係は、我々は分析によって知っているのですが、ほとんど直接に母親への参照に関わっています。一方、それ以外の場合には、「Liebesleben 愛情生活」の価値切り下げが、母という項とは対置される選択と結びついています。つまりその選択はファリックな対象の支えとなり、その等価物となる女性へと向かうのです。

さて、これらのことはいったいどのようにして起こるのでしょうか。黒板にもう一度図を描いておきましたが、この図は、その問いに何らかの答えをもたらしてくれるでしょう（図9）。

「glamour グラマーな」対象、輝ける対象、欲望をそそる対象、色好きのする対象――中国語ではセクシュアリティを色と呼びます――を飾っている魅惑は、対象が興奮の次元で刺激的になるようにしています。この色好きのする色は $i'(a)$ の側、信号と同じ水準にあります。これはまさに不安の水準ともなりうる水準です。いかにしてそうなるのでしょうか。それは、この a において、同時に現れ、また隠れている原初的な性的備給の枝分かれによって起きているのです。

あるいは、愛情対象の選択において選別の要素として機能しているものが、ここ、つまり自我において、鏡の反対側に、対象の囲い込みの水準、つまり「Einschränkung 制限」の水準に生じるのです。

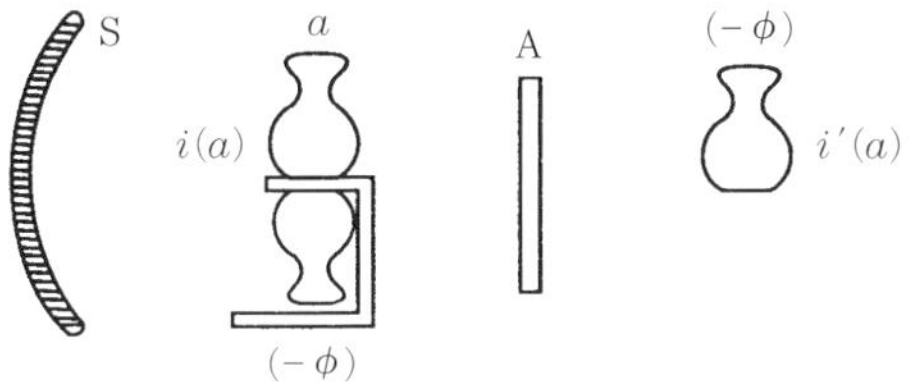

図9　対象の選択

「Einschränkung 制限」というのは、フロイトが自我の機構に関連して直接に取り上げている制限で、リビドー的な関心の領域の限局です。つまり、ある対象が母とどのような関係にあるかに従って、ある種の対象を除外することです。

この二つの機制は、制止のところに始まり不安のところで終わる連鎖の両端にあります。この連鎖については、今年度の始めに書いた表で、対角線上にあるものとしてお示ししました。制止と不安の間で、二つの相異なる機制を区別し、性的な現れ全体の上から下までの様々な箇所で、それぞれがどのような仕方で介入するかを考える必要があります。

性的な現れ全体と言いましたが、そこには、我々の分析経験の中で転移と呼ばれているものも含まれています。

最近のことですが、分析協会の中で、我々が転移についてよく知っている人々だとさりげなく言及されているのを聞きました。でも、ずいぶん昔、分析協会が設立される前に書かれた転移に関する研究以降、転移についてなされた仕事を私は一つしか知りません。二年前に私がここで皆さんと行った仕事です。その際、もっとも適切と思われる形で、つまり一部については伏せながら多くのことを言いました。もちろん、他にも仕事があって、それが皆さんに、反復の欲求と欲求の反復の対置のような見事な区分をもたらしていることは確かです。このようなことがあるということは、事態を示す際に言葉遊びに頼ることが、無益なことではなく、また私だけの特権でもないということを示しています。

転移という問題を再生と反復という点だけに限って考えるのは、あまりに狭いやり方であり、この概念は、より広く捉えるべきものと考えます。歴史的な要素と体験の反復という点ばかりが強調されてきたので、同じように重要なもう一つの次元、共時性の次元を見逃してしまう危険があります。それは、分析家の場の中に潜在的にではあれ確実に含まれている次元であり、まさにその場に、つまり分析家の場を規定している空間の中に、部分対象の機能があるのです。

覚えていらっしゃいますでしょうか、これは、転移のことをお話しした際に、私が薪へと突き出される手という隠喩で、隠喩とはいえ十分に明らかな仕方で、お示ししたものです。その手が薪に届かんとする時に薪が燃え上がり、その炎の中にもう一つの手が現れ、自分の手のほうへと伸びてきます。これは、私がまた同様に、プラトンの『饗宴』について論じながら、アルキビアデスのディスクールの中の「アガルマ」という用語で名づけた機能によってお示ししたものです。転移の分析において部分対象の機能の共時性の次元について十分に参照することがなされないことが、ある領域に関する無視をよく説明しています。その領域について、闇の中に、つまり分析後の帰結と呼ぶべき場の中に、その領域がただ放り出されているからといって、私は少しも驚きません。この場の中に、性的機能のいくつかのひずみがまき散らされているのです。

部分対象の場、部分対象の領野としての精神分析の機能は、まさにフロイトが『終わりある分析と終わりなき分析』で我々の注意を喚起している事柄です。フロイトの限界、彼の観察記録の随所に見られる彼の限界が、部分対象の機能との関連で、被分析者と分析者の共時的関係の中にあった本来分析されるべきものについて、「非‐統覚 non-aperception」、つまり、見失っていたことに由来しているという見方から出発するなら、ドラについての介入の失敗も、同性愛の女性症例に関する介入の失敗もまさにその点に起因しているということが、よく見えてくると思います。だからこそ、フロイトは、彼が分析の限界と呼ぶものが去勢不安の中にあると言ったのです。それはつまり、フロイトにとって、彼の被分析者の中に、この部分対象の場が残っていたということです。

フロイトは、精神分析は男も女も渇きの状態に置くと言っています。男は去勢不安の場に、女はペニス羨望の場に置かれるのです。しかし、それが絶対的限界というわけではありません。それは、フロイトとの間で終わりになった分析の限界点です。つまり、それは漸近線の形で無限に接近する並行線に沿って継続する分析として終わったのです。これが、フロイトが「終わりなき分析」と呼んだ分析の原理です。「終わりなき」「際限のない」「無制限の」であって、「無限の」ではありません。もし限界が制定されるとしたら、それは、何ものかが、分析されないのではなく、ただ部分的な仕方で露わにされる、その限りにおいてです。そして、私としては少なくとも、それはいかにして分析可能かという問いを立てることはできるでしょう。

私がここで、我々の経験によって描かれた見取り図の限界の外にある何かをもち出しているとは思わないでください。ある分析家の、フランスで最近よく知られている仕事[5]を参照するならば、彼は、ここ数年にわたって――この間に彼の著書が書かれているのですが――強迫神経症の分析を特にペニス羨望をめぐって展開してきました。もう何度も彼の分析には触れ、注解し、当時我々がもっていた概念装置をもって彼の分析を批判し、その躓きをお示ししてきました。いまからそれをもっと正確な仕方でお示ししましょう。

彼の観察記録を詳細に読み解くと、大文字の〈他者〉の次元でファリックな機能について解釈を行うべき場として私が示している場を、この著者は、フェラチオの幻想、特に分析家のペニスをめぐるフェラチオの幻想によって覆ってしまっていることが分かります。指示は極めて明確です。問題は十分に捉えられています。これは決して偶然ではありません。私がいま皆さんの前で展開しようとしている論との関係で、偶然ではないということです。その点については信用してください。ただ、これが一つの視点、しかも不十分な視点に過ぎないことは確かです。分析をこの幻想を中心に展開することでは問題を徹底的に片付けたことにはなりません。なぜなら、実際のところ、それはただこの強迫神経症者の症状としての幻想にもう一度行き着くだけのことですから。

私が何を言わんとしているか、お示しするため、典型的な例を一つ引きましょう。ねずみ男のよく知られた夜中の行動の例です。鏡の前で勃起させた後、階段の踊り場の前の扉を開け放ち、死んだ父親の想像上の亡霊を前に、自身の性器のいまの状態をその亡霊の目にさらすというあの行動です。もし、分析家のフェラチオの幻想という水準においてのみ、ここで問題となっている事柄を分析しようとしたとするなら、いったいどういうことになってしまうでしょう。この幻想は、件の著者が接近技法と呼んでいるものと強い関係があります。この技法においては、距離は、強迫の構造の基本的要因、しかも正確には精神病との関係における基本的要因として考えられています。患者はただ、この幻想的関係の中で、死によって構成される現前様式における〈他者〉の役割を担うよう導かれ、さらにはそうするよう励まされることになるでしょう。〈他者〉、私なら、さらに一歩進めて、それは、フェラチオを幻想的に見ている〈他者〉であると言うでしょう。

この最後の点は、こうした指摘を自らの実践が正しい位置に据えてくれる、そういう実践をしている人々にのみ向けられたものです。

3

今日は、黒板に描いた二つの図で終わりにしようと思います（図10）。

左の図は首のある花瓶です。首の穴が皆さんの正面にあるように置きました。私が何を言いたいかを皆さんによく分かるようにするためです。それは縁です。右の図は、この縁《ふち》をめぐって起きうる変形の図です。

欲望の次元における同一化の機能に関し、昨年度、トポロジー的な考察を長い間進めてきましたが、この考察がいかに時宜にかなったものか、これから、よくお分かりになると思います。欲望の次元における同一化とは、フロイトによれば第三のタイプの同一化、彼がヒステリーにおいて主要な例を見出した同一化です。

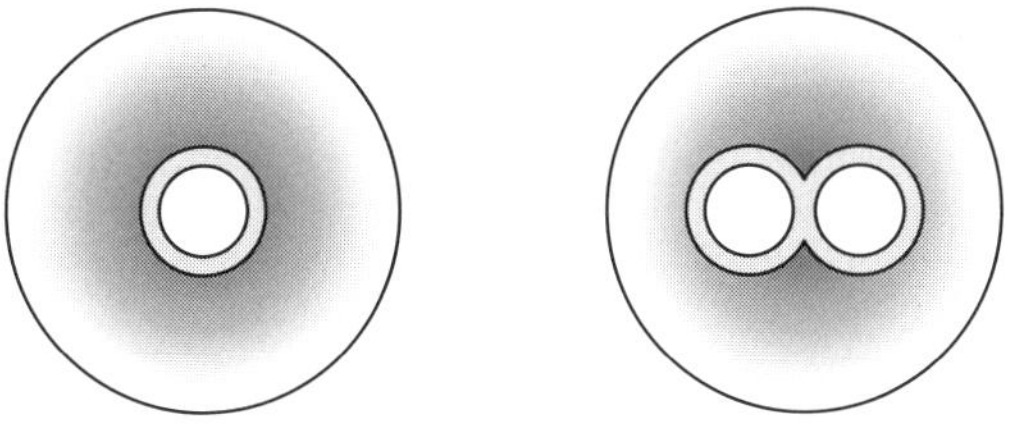

図 10　縁の二重化

以下に、このトポロジー的な考察の帰結と射程をお示ししておきます。

「クロス・キャップ」についての考察にあれほど時間をかけたのは、鏡像関係を元に構成された対象、すなわち共通対象と対象 a の間の区別を直感的に捉えていただく可能性を皆さんにおもちいただくためである、とお話ししました。

先へと進みましょう。鏡像が表象しているものと鏡像とが区別されるのは何によってでしょうか。それは右が左に、そしてまたその逆になっているということです。フロイトが言っていることは、極めてアフォリズム的でしかないことでさえ、信頼すれば通常は報いがあるという考えを信じることにしましょう。フロイトは、自我は一つの表面であると言っています。しかも、表面の投影であると言っています。ですから、この問題は、純粋表

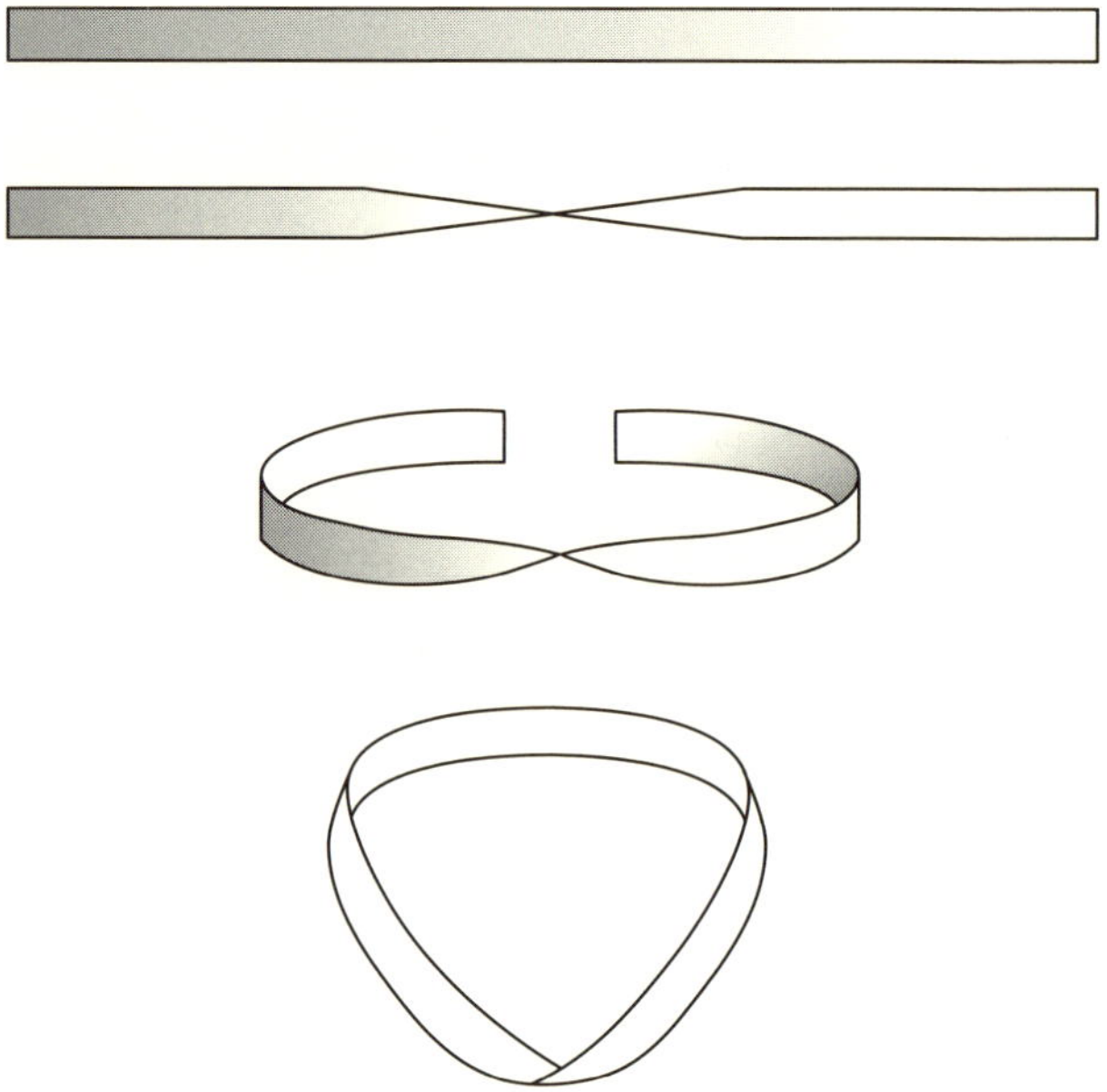

図11　帯/メビウスの輪

面のトポロジーの用語で立てられなくてはなりません。鏡像とは、鏡像が映し出しているものに対して、右手袋から左手袋に移行することであり、単純表面が手袋を逆さにするようにして裏返される時にできるものです。

　思い出してください。私が手袋の話をしたのも、頭巾の話をしたのも昨日や今日のことではありません。以前、私がエラ・シャープの症例において注釈した夢もそのほとんどの部分がこのモデルの周りを巡っています。

　メビウスの輪についてきちんと認識していただくように私が教えてきた事柄を念頭に、以下のことをやってみてください。まず、この帯をもって広げ、途中を半周分折り曲げて両端をつなげます。これで簡単にメビウスの輪ができます(図11)。見えている表面の一つを歩いている蟻は、一方の面から他方の面へと縁を通過することなく移行します。言葉を換えれば、メビウスの輪は一つの面だけをもつ面なのです。一つの面だけをもつ面は反転させることができません。これを反転させたとしても、元の形と同一になります。これが、私がここで鏡像をもっていないと言っていることです。他方において、私は次のように言いました。「クロス・キャップ」において、その一部を切断し、切り抜くことによって切り取るとします。その切断、切り抜きは次のような条件によってのみ行われます。表面にあけられた穴を含んだ上で交わるという条件です。こうしてメビウスの輪が得られます(図12)。

残った部分がこれです。皆さんのために作りました。皆さんに回覧しましょう。この残った部分、これは少し役に立ちます。いいですか、それが小文字のaなのです。小文字のaを皆さんに聖体のパンとして差し上げましょう。この後、利用することができますから。小文字のaはこうして作られます。

小文字のaは、切断がなされるときにこうして作られます。縄であれ、割礼であれ、今後示していかなくてはならないものは何であれ、切断がなされるときには、小文字のaが作られます。切断の後に、メビウスの輪、鏡像をもたないメビウスの輪に比肩しうるものが、残ります。

これで、私が例の花瓶を再び取り上げることによって言わんとしていることがお分かりでしょう。

第一に、花瓶はその鏡像をもっています。この鏡像が理想自我であり、それが共通対象をもつすべての人を構成します。

そこに「クロス・キャップ」の形をした小文字のaを想定してみてください。次に、この「クロス・キャップ」から、先に皆さんの両手の中に置いたあの小さな対象aを切り出してください。$i(a)$に加わるものとして、メビウスの輪のように自身に交わる面が残されます。こうした契機によってすべての花瓶はメビウスの輪になります。外を歩んでいる蟻は何の困難もなく内部へと入っていくからです。

鏡像は、二重身の奇妙で侵入的な像となります。これが、モーパッサンの晩年に少しずつ起きたことです。彼が鏡の中に自身の姿をもはや見なくなったとき、あるいは破片の中に、彼に背を向ける何か、つまり彼に背を向ける幻影を見た時です。彼は、即座に、それが彼と無関係ではないということが分かります。そして、幻影がこちらを向いたとき、彼はそれが自分自身だと気づくのです。

1. 面が自身と交わる線を含む閉じた表面はトポロジー的に射影平面と同等と考えられる．

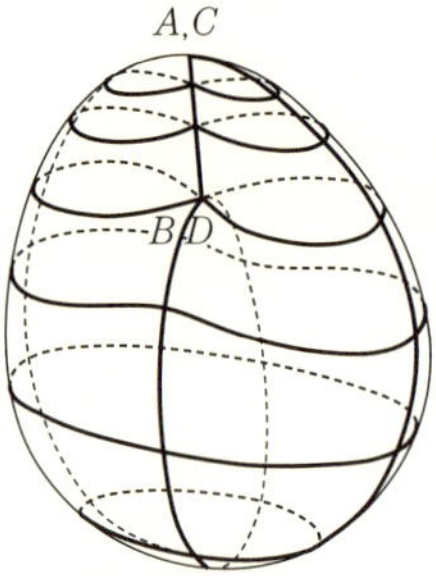

2. 上図１の面から底の部分を取り除くことで得られた表面が「クロス・キャップ」である．

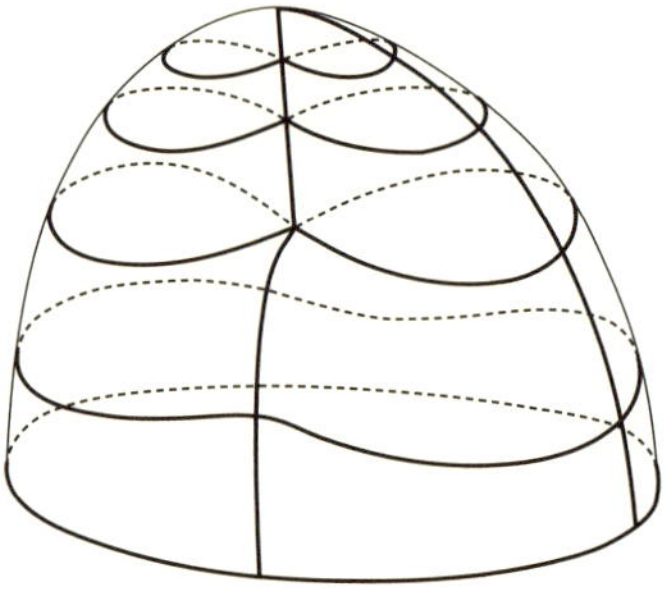

3. 自身に交わる線に沿って「クロス・キャップ」を切れば，一つの面が得られ，その面には円盤の形を与えることができる．その真ん中には，直径をはさんで向かい合う各点が互いに同一であるような丸い穴がある．

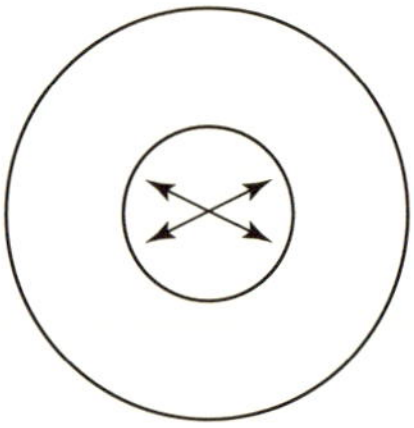

4. この残った面は，内転した８と呼ばれる形で具体的に提示されうる．

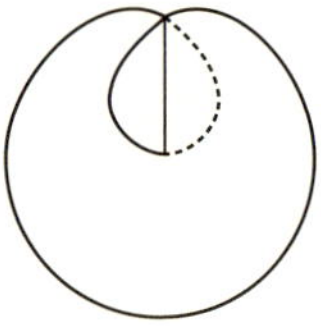

図 12 「クロス・キャップ」とその変形

小文字のaが現実の世界に入ってきたときに問題になるのはこのことです。小文字のaは現実の世界ではただ再来するだけなのです。

何かがこれに似ているというのは、仮説としては奇妙に思われるでしょう。しかし、よく見てください。視野の外に我々自身を起き、しばらく目を閉じて、この変形した花瓶の縁を手探りで進んでみましょう。これは他の花瓶と同じ花瓶です。一つしか穴はありません、縁は一つしかないのですから。よく見てください。しかし、先ほどの変形した縁の絵が示していたように、穴が二つあるように見えます。

少しでも読んだことのある人ならば、これが、夢幻様の出現の場における、しかし、単に夢幻様というだけでなく性器の夢幻様の出現の場における、ファルスの出現に関して、共通の両義性であることがすぐお分かりになるでしょう。見たところ現実的なファルスがない所では、その出現の通常の様式は二つのファルスという形になるのです。

今日はこれでもう十分でしょう。

一九六三年一月九日

訳　註

（1）　このフロイトの講義はフランスでは、Anne Berman（1889-1979）により翻訳され、一九三六年にGallimardから出版されている。この翻訳は、Collection Idées（n° 247）, Gallimard, 1971で手に入る。

（2）　フロイトの原文は"Sondern es handelt sich wirklich um Auffassungen, d. h. darum, die richtigen abstrakten Vorstellungen einzuführen, deren Anwendung auf den Rohstoff der Beobachtung Ordnung und Durchsichtigkeit in ihm entstehen läßt."である（Freud, S.: Neue Folge der Vorlesungen zur Einführung in die Psychoanalyse, G.W. XV. 以下、ドイツ語版全集についてはG.W. と略し巻号を示す）。フロイト「第三二講　不安と欲動生活」『続・精神分析入門講義』全集第二一巻、岩波書店、一〇五頁。

(3) 原文では un petit mémento. memento はラテン語で「思い出せ」の意。転じて「記念の品」「記憶」「警告」「形見」などを表す。カトリックでは「記念唱」。

(4) Nünberg, H.: Circumcision and Problems of Bisexuality, International Journal of Psycho-Analysis, 28: 145–179, 1947.

(5) Bouvet, M.: La Relation D'objet, Œuvres Psychanalytiques, tome 1, Payot, 1967.

Ⅷ　欲望の原因

欲望の背後の対象
フェティッシュの対象へのサディスティックな同一化
共通の対象へのマゾヒスティックな同一化
転移に現れる現実的な愛
同性愛の娘における「棄てる（落とす）laisser tomber」

対象*a*を示すことで皆さんにお教えしてきたことに関連して、今日は、さらにいくつかの事柄について話そうと思います。先回私が取り上げた不安に関するアフォリズム「不安は対象なしではない」は、皆さんをまさにこの対象*a*へと導いています。

対象*a*は今年の話題の中心にあるものです。この対象*a*が、不安と題されたセミネールの一環として取り上げられているのは、対象*a*が、本質的に不安という切り口を通してこそ、それについて語ることのできるものであるからです。そして、それはまた、不安は対象*a*の唯一の主体に関係した翻訳であるということでもあります。

ここで使われている*a*は、しかし、ずいぶんと昔にすでに導入されていたものです。この*a*は幻想の定式$(\$ \diamond a)$の中に欲望の支えとして登場しています。S、*a*についての欲望、という形で。

1

今日、私がお話しする第一の点は、一つの正確さについて念を押しておくことです。この正確さは、私の話を聞いてきた人たちにとっては、決して自身で獲得することが不可能なものではありません。しかし、今日これを強調しておくことは無駄ではないと思われます。

ここで正確にされるべきもの、それは、ある視点、主体主義的とも言うべき視点に端を発する幻影に関係しています。主体主義的とは、我々の経験の構成における主体の構造の重要性を特別強調しているという意味で主体主義的ということです。

この思考の発展の流れは、近代哲学の伝統が志向性の機能を取り出すことで、その頂点においてフッサールとその周囲へともたらしたものですが、まさにこの思考の流れによって、我々は欲望の対象と呼ぶべきものに関してある誤解にとらわれた者となっているのです。我々は実際、何ものにも向かわないノエシス、何ものにも向かわない思考はないと教えられています。これこそ、観念論に現実へと至る道を見出させてくれる唯一の点であると思われます。しかし、欲望の対象、これはこうした方法で理解することができるものでしょうか。欲望についても、事情は同じなのでしょうか。

我々それぞれがもっている耳の水準、勘を必要とする我々の耳の水準に合わせて、次のように言うことにしましょう。欲望の対象は「目の前に」あるのでしょうか。これこそが問題の幻影です。そして、この幻影が、分析の中で対象関係と言われている方向へと進もうとしてきたものすべてを不毛なものにしてしまったのです。私はこれまですでに様々な方法でこれを訂正しようとしてきました。これからお示しするのは、この訂正を強調する新たなやり方です。

私はおそらく、これを十分に展開された仕方でお示しすることはしません。その定式化は、他の方途で皆さんのもとに届く私の別の仕事のために保留しておきます。ほとんどの耳にとっては、大雑把な定式化を聞くことで十分だと思われます。大雑把な定式化をしておけば、私としては、今日のところ、私がいま導入した点について強調することで満足だと思っています。

原因の概念を取り出したことが認識論《エピステモロジー》の歴史の中でどれほどの困難をもたらしたか、皆さんご存知でしょう。原因をもっとも微妙かつ多義的な機能の一つへと導いた一連の還元があったからこそ、原因の概念は物理学の発展の中に保たれているのです。

他方、原因の概念をいかに還元したとしても、この概念のいわば心的機能を一種の形而上学の影へと解消し、還元することはできないことは明らかです。直感に頼ることがこの概念の心的機能を残存させていると言ったところで、まったく言い足りません。我々の科学について純粋理性批判がなされることがあるとすれば、それは、分析経験以来可能となった原因概念の心的機能に関する再検討を出発点とすることによってのみであると私は考えています。

我々の目標を定めるために、次のように言っておきましょう。対象 a は、何であれノエシスの志向性に類するものの中に据えることはできないものです。欲望の志向性はノエシスの志向性とは区別されるべきものですが、欲望の志向性においては、対象は欲望の原因として理解すべきものです。先ほどの比喩を再び取り上げるなら、対象は欲望の「目の前に」ではなく「背後に」あるということです。

この対象 a からある次元が出現します。この次元を主体の理論において無視することが、すべての理論的組織化、つまりその中心が認識の理論、認識形而上学として現れてくるようなすべての理論的組織化を不十分なものにしてきました。対象 a の機能が要請する構造的、トポロジー的な新しさは、フロイトの定式化、とりわけ欲動に関する彼の定式化の中に完璧な形で見出すことができます。

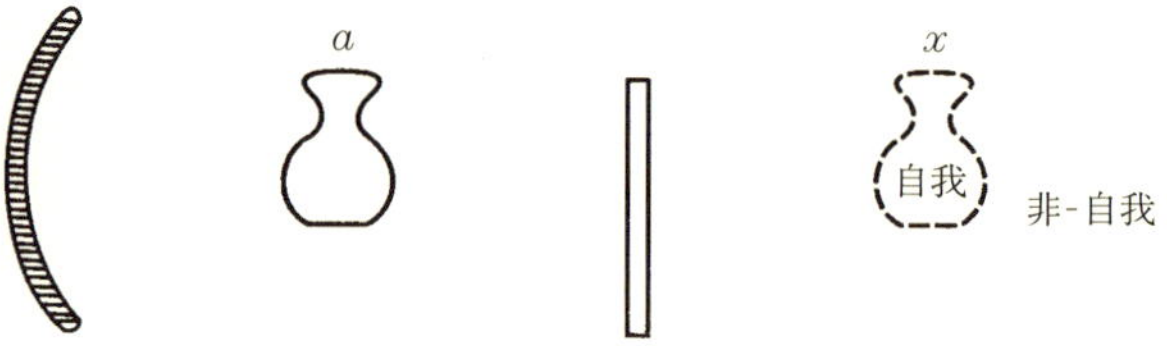

図13　自我と非-自我

もし皆さんがこの点についてテキストで検証してみたいと思われるなら、先回引用した『新・精神分析講義』の第三二講(1)をお読みください。そこに書かれている「Ziel 目標」と「Objekt 対象」の間の区別は、すぐに頭に浮かぶような考え方、つまりこの目標と対象は同じ場にあるとする考え方とは大いに異なります。フロイトは実に驚くべき二つの言葉を使っています。一つは「eingeschoben 割り込んだ」という言葉です。つまり、対象は中へ滑り込み、どこかにずれると言うのです。この schieben は「Verschiebung ずれ」という単語の schieben と同じです。対象とは、その本質的な機能において我々の捕捉から逃れる何かだということが、このテキストでは、このように明確に強調されているのです。

第二に、この次元には「äußeres 外に、外側(2)」と「inneres 内に、内側」という二つの語からなるはっきりとした対置があります。対象は「aüßeres 外に」置かれるものであり、他方、欲動傾向の満足は「inneres 内に」つまり体の中にあると考えるべき何かと結びつくことによってしか完遂されないものであると正確に書かれています。欲動傾向は身体の内にその「Befriedigung 満足」を見出すのです。

私が皆さんにお示ししたトポロジー的な機能は、この謎を解くために何を導入するべきかについて、明確な形で定式化させてくれます。それは、内在化以前の外部、つまり主体が〈他者〉の場で鏡像の形で x において自らを把握する以前から a の位置にある外部という考え方です。鏡像は、主体に、自我と非-自我という区別を導入しています(図13)。

原因という概念は、すべての内在化以前の外部、対象の場に属しています。いまから、皆さんにお分かりになるよう、これをもっとも単純な仕方で図式化してお示しします。今日は、形而上学にならないよう、慎もうと思っていますから。これを分かりやすく示すのにフェティッシュそのものを使おうとしているのは決して偶然ではありません。フェティッシュにおいてこそ、欲望の原因としての対象という次元が露わになるからです。

欲望されているものは何でしょう。フェティッシュは欲望の原因となるのです。欲望は、可能なところならどこでも、引っかかるよう赴くのです。可愛い靴を履いているのが彼女である必要すらありません。彼女の周りにあってもいいのです。その乳房が彼女のものである必要すらありません。乳房が頭の中にあったとしてもいいのです。しかし、皆さんそれぞれがご存知のように、フェティシストにとってはフェティッシュがそこにあることが必要です。フェティッシュは、彼の欲望がそれによって維持される条件なのです。

ついでに、ドイツ語ではあまり使われていないと思われるある用語を挙げておきましょう。いまの曖昧なフランス語訳では意味が捉えられていない用語です。それは、不安が問題となっているときに、フロイトが「Libidohaushalt リビード家政(3)」という言葉で導入した関係です。この関係においては、我々は、中断とか解除の次元にある何ものかを指す「Aushaltung 我慢」という言葉と、内容を指す「Inhalt」という言葉の間にある用語と関わっています。それはこのどちらでもありません。それはリビドーの維持です。要するに、今日皆さんにお示しした対象への関係は、不安の信号としての機能と、不安がリビドー維持における中断と呼ぶべき何かとの間にもっている関係とを統一的に理解させてくれるものです。

フェティッシュを参照することで、欲望の対象としての対象に関して二つの可能な視点を分ける最大級の相違について、また、私がaを本質的な歳差運動(4)に置く理由について、皆さんに十分にお分かりいただけたと考え、私はここで、我々の探求が我々をどこに連れて行くことになるのか、皆さんに分かっていただくよう努めることにしようと思います。

皆さんの心的な習慣が皆さんに主体を探すべき場として指し示している場、あるいは、例えばフロイトが欲動傾向の源を示している時に、皆さんの意思に反して主体が姿を現すところ、さらには、ディスクールにおいて、皆さんが皆さんであるとして言葉にするものがあるところ、つまり皆さんがjeと言うところ、まさにそこにこそ、本来、無意識の水準で、aが位置づけられるのです。

2

この水準において、皆さんはa、対象であり、誰もが知っているように、これこそが耐えられない点です。これが耐えられないのは、単に、結局はディスクールを裏切ることになるディスクールにおいてだけではありません。皆さんが慣れ親しんだ常套的な言い方を揺さぶり、ずらすような指摘をすることで、すぐにこのことをはっきりとお示ししておきましょう。そうした常套的な言い方では、いわゆるサディズムやマゾヒズムの機能について、あたかも一種の内的攻撃性とその反転性だけが問題であるかのように言われています。サディズムやマゾヒズムの主観的構造に入り込むことによって、この違いのいくつかの特徴が皆さんにも明確になると思います。この違いの本質的な点は、これからお示しする事柄です(図14)。

このシェーマの中に、皆さんは、欲望のグラフが四つの頂点をもつ簡略定式によって組織化しているいくつかの区別を再び見出すことができます。右にあるのは〈他者〉の側です。そして左に、主体の側があります。それはまだ構成されていないjeの側、我々の経験の中で見直されるべき主体の側です。この主体について、それが、主体の伝統的定式、つまり対象との関係の中で網羅されるような主体と合致することなどありえないということを我々はよく知っています。

サディズムの欲望、それがもつすべての謎とともにあるサディズムの欲望は、分裂、分離を出発点にしてしか言葉にすることはできません。その分裂、分離はサディズムの欲望が主体、つまり他者に、限界においては耐えることのできないものを課すことによって導入しようとしている分裂であり、分離です。この限界点は、この主体に、主体の実存と、主体が被っているもの、つまり主体がその身体において被っているものとの間の分割、裂け目が露わになる限界点そのものです。

サディズムの意図の中で探求されているのは、他者の苦痛ではなく、むしろ他者の不安です。このことを私はかつて$\cancel{S}$0という略号でお示ししました。今年度の二回目のセミネールでお示ししたいくつかの定式において私はこれをどう読むかについて皆さんにお話ししました。これはoというアルファベットではなく、ゼロです。

他者の不安、この不安に関わる主体としての本質的実存、これこそがサディズムの欲望が揺さぶろうとしているものです。だからこそ、これまでのセミネールにおいて、私は躊躇することなくこの構造をカントが純粋な実践理性、つまり本来的な意味での道徳的意志の遂行の条件として言葉にしたものに本質的に対応するものとして、関係づけたのです。この道徳的意志にカントは、道徳的純粋善との関係が出現する唯一の点を置いています。極めて手短かにこうした複雑なことを想起していただいていますが、その点はお許しください。私のセミネールに出ていた方々は思い出していただけたものと思います。そうでない方々も、少し前に『閨房哲学』への序文でもう一度取り上げていますので、それをお読みいただければ、お分かりになると思います。私が行っているカントとサドとの比較という問題はまさにこのテキストをめぐって展開しています。

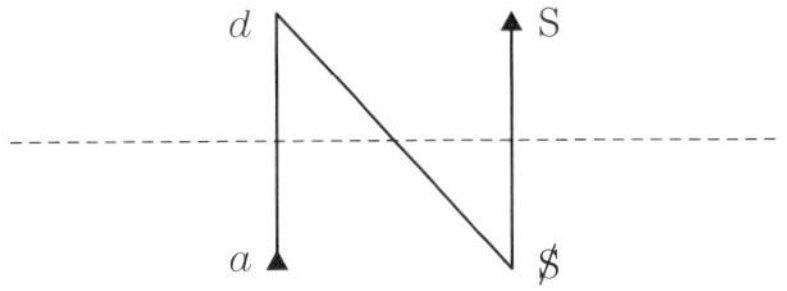

図 14 サディズムの欲望

私がここで新たに取り上げようとしている事柄は以下の点です。この点がサディズムの欲望を特徴づけています。つまり、その行為の遂行、儀式の遂行において——儀式という言葉を使うのは、儀式としての特徴すべてを見出しうる活動が行われているからですが——サディズムの欲望の行為者は、自身が何を探求しているかを知らないということであり、さらには彼が探求しているのは、自分自身を純粋の対象として、暗黒のフェティッシュとして露わにすることであるということです。しかし、誰に対して露わにするのでしょうか。というのも、結局のところ、彼自身にとっても、この露呈は鈍いものでしかありえないのですから。サディズムの欲望の行為者である者が実現へと至る限りでのサディズムの欲望の露呈は、結局こういうものとして要約することができます。

そしてまた、皆さんがサドの姿を思い浮かべようとするならば、時代を経て様々な描写がなされてきた中で、何代にもわたって想像上の彫琢が刻まれた末に残されたのが、マン・レイがサドの肖像を描く際にこれ以上の方法はないと考えた形、つまり石にされた形であるのは決して偶然ではないということに、お気づきになることと思います。

これとまったく違うのはマゾヒストの位置です。マゾヒストにとっては自身を対象として具現化させることは明白な目標です。例えば、マゾヒストは自身をテーブルの下の犬にしようとします。あるいは商品にしようとします。商品、つまり市場に出される他の対象と同じように、それを売ることで、契約の中で扱われる項目にしようとしているのです。要約すれば、彼が探求していること、それは共通の対象、交換の対象と自身との同一化です。しかし、彼にとっては、自身がそれであるものとして、つまり誰でもそうであるように、一つのaであるものとして自身を把握することは、つねに不可能であり続けるのです。

このこと、つまり彼にとって不可能にとどまり続けるこの認識がマゾヒストにとってなぜそれほど関心を引くかという点に関しては、彼を分析することで明らかになるでしょう。しかし、その点について個々の条件を明らかにする前に、ここで、いくつかの構造的な結合のあり方について確認しておかなくてはなりません。

私が、マゾヒストが対象と自身との同一化を達成する、とまでは言わなかったことをよくよくご理解ください。サディストにとってそうであるように、この同一化は一つの場面（舞台）でしか現れないのです。ただ、その場面（舞台）であっても、サディストは自身を見出すことはできません。彼が見るのはただ他の残りの人々だけです。そして、マゾヒストにも見えないあるものがあります。この後すぐ、それが何であるかを見ることになるでしょう。

このことが私にいくつかの定式を導入させてくれます。最初の定式は、私が言っている意味で欲望の対象として自らを認識することはつねにマゾヒズム的である、という定式です。

この定式化には、マゾヒストの困難がどんなものかを皆さんに分からせてくれるという利点があります。もう一つ、木偶《でく》人形をもち出して、次のように言ってみるのも有用かもしれません。例えば、マゾヒズムがあるのは、超自我が凶暴だからだ、と。我々はもちろん、マゾヒズムの中に区別すべき様々な種類があるのを知っています。例えば、性愛的マゾヒズム、女性のマゾヒズム、道徳的マゾヒズムなどです。しかし、こうした分類について言ってみても、効果としては、コップがある、キリスト教的信仰がある、ウォール街の暴落があると言っているのと大差ありません。我々としては、大して腹の足しにはならないでしょう。マゾヒズムという言葉が何らかの意味をもつとすれば、マゾヒズムについてもう少し統一的な定式を見つけださなければなりません。超自我がマゾヒズムの原因であると言ったとしても、満足をもたらすこの直感を大きく離れることにはならないでしょう。ただ、今日、私が原因というものについてお教えしたことをよく考えておかなくてはなりません。つまり、超自我は、今日、私がもち出したような意味での原因としての対象の機能を帯びているということです。皆さんの前に並べて見せることになる一連の対象の中に、超自我を入れることすらできるでしょう。

こうした対象は列挙することのできるものです。しかし、最初からこのカタログを作るようなことはいたしません。それは、皆さんが、何がなんだか分からなくなってしまわないように、そしてまた皆さんが、分析に関して、つねに道に迷わなくてすむような定石があると思ってしまわないようにするためです。定石などありません。皆さんが母親の乳房の機能について、あるいはスキバル（糞塊）の機能について、よく知っていると思うことができるとしても、皆さんは、ファルスについては曖昧さが残っているということをよくご存知です。すぐ後に現れる対象のこととなると、皆さんはそれについて何も知りません。いますぐ、それについてお話ししましょう。皆さんの好奇心に餌を与えるような話です。それは眼、眼そのものです。皆さんは眼について何も知らないのですから、これについては慎重に接近するしかありません。それには理由があります。眼が、それがなければ不安がなくなる、そういう対象であるのは、まさにこれが危険な対象だからです。それゆえ、慎重に行くとしましょう。眼は欠如しているのですから。

この慎重さは、さしあたり、二回前のセミネールで私がどのような点で欲望と法とは同じものであると言ったのかを、明らかにする機会となります。この言葉はどうやら聴衆のお一人の耳にとまったようです。

欲望と法は、いずれにとっても対象は共通であるという意味で、同じものなのです。ですから、この二つがお互いにとって同じ壁の両側であるとか、表と裏であるとか言って満足してしまってはいけません。それでは難しさをあまりに安く見積もることになってしまいます。精神分析が始動するのを可能にした中心的神話に価値があるのは、まさにこの点について感得させてくれるからに他なりません。

エディプス神話が言わんとしているのはまさに次の点、つまり、始原においては、法と父の欲望としての欲望とは同じ一つのものである、ということです。法の欲望に対する関係は極めて緊密なものですから、唯一法の機能のみが、欲望の軌道を跡づけるのです。母への欲望としての欲望、それは法の機能と同一です。法が母を禁止するという限りで、法は母を欲望するように強いるのです。結局のところ、母親そのものは欲望をもっともひき起こすものではないからです。すべてが母親への欲望をめぐって組織化されているということ、そして、妻が母とは違うものであることを望まなくてはならないということ、これは何を意味しているのでしょうか。欲望の構造そのものの中に、一つの命令が入り込んでいるということに他なりません。つまり、欲望するのは、その命令に応じてである、ということです。

エディプス神話が言わんとしているのは、父の欲望は法を作るものであるということなのです。

この視点で見るならば、マゾヒズムの価値を作り出したのはいったい何だったのでしょう。それはマゾヒストにおける唯一の代価です。欲望と法とが一緒に見出されるときに、マゾヒストが露わにしようとしているもの――しかも、彼の小さな舞台において露わにしようとしているもの、と付言しておきましょう、この舞台という次元を決して忘れるわけにはいきませんから――それは、〈他者〉の欲望こそが法を作っているということです。

その効果の一つについて、すぐに見ておきましょう。それは、マゾヒスト自身が、私なら捨てられた対象の機能とでも呼ぶであろう機能の内に現れるという点です。それが我々の言う対象a、しかも、捨てられたものの形をとった対象a、他に置きようもないために、犬に、汚物入れに、ゴミ箱に投げやられたもの、通常の対象の廃棄物としての対象aです。

これこそ、倒錯において知られているようなaが姿を現す局面の一つです。しかし、こうしてマゾヒズムの次元でそれを標識づけしたとしても、本来迂回することによってしか囲い込むことのできないもの、つまりaの機能を、決して汲みつくすことはできません。

父の欲望を法へと結びつけるこの同一性の中心的な効果は去勢コンプレックスです。法は父が殺された後の父の欲望の不可思議な脱皮と突然変異から生まれます。このことの帰結が、まさに去勢コンプレックスです。分析の考え方の歴史の中でも、またもっとも確実な結びつきとして我々が思い浮かべることのできるものすべてにおいても、このことの帰結は去勢コンプレックスです。だからこそ、私の諸々のシェーマの中で、aが欠如するまさにその場に$(-\varphi)$という表記が書かれることになったのです。

ですから、第一に、私は欲望の原因としての対象についてお話ししました。第二に、自らの欲望の対象として自らを見出すことはつねにマゾヒズム的であると言い、この点について、超自我の影響のもとに何がくっきりと姿を現すのか、お示ししました。そして、この対象aの代わりに$(-\varphi)$の形で出来《しゅったい》するものの特異性について強調しました。そしていま、我々は第三の点に到達します。それは、対象aの欠如としての出現という構造的な可能性に関わるものです。すでに以前から鏡のシェーマが皆さんに示されてきたのは、まさにこのことを頭に思い描いていただくためなのです。

身体として存続しているものの次元、つまり、我々にいわば身体そのものの意図を一部見えなくしているものの次元、そういう次元において、対象aとは何なのでしょうか。この対象aは、フロイトが言うところの岩盤、リビドーの最後の還元不能な保護区です。フロイトがこれに出会う度にテキストの中で文字通り迂回によってズタズタに切られているのを見ることは、まさに悲愴な感動を呼び起こします。どこを読むのがこの確信を刷新するのに適切か、それを皆さんにお話しすることなく、今日の講義を終わることはできません。

小文字のa、これはどの場にあるのでしょう。小文字のaは、もし認識されうるとするならば、どの次元に認識されるのでしょう。先ほど、自身の欲望の対象として自身を認識することはつねにマゾヒズム的であると申し上げました。しかし、マゾヒストは舞台の上でしか、それをしません。ではマゾヒストが舞台を降りたとき何が機能しているか、そのことを、皆さんはこれから見ることになるでしょう。もちろん舞台はずっと夢の領域にまで広がってはいますが、それでも我々はいつも舞台の上にいるわけではありません。我々が舞台を降りているとき、手前にいるとき、我々が〈他者〉の中で何が問題なのかを読み取ろうとしている時、我々がそこ、つまりxに見出すのは欠如のみです。〈他者〉の場に、つまり可能な限り遠く、抑圧されたものの回帰において現れうるものの向こう側で、主体が構成されるところでは、対象はその必然的な欠如と実際に結びついています。「Urverdrängung 原抑圧」、そして「incognitoインコグニート」[5]の還元不能性——もっとも、それについて話しているわけですから認識できないというわけにはいかないのですが——こそが、転移の分析において私が「アガルマ」という語で生み出したものが構成され、位置づけられる場なのです。

このつねに無視されている次元は、空なる場がそれとして目指されているというまさにその限りで、設立されます。それもそのはずです。ここで問題となっているのはまさに転移なのですから。像の中に具体化されている何ものかによって囲まれ、形づけられているこの場、一つの縁、開け、裂け目、鏡像の構成がその限界を露わにするところ、それこそが不安の選ばれた場なのです。

この縁の現象、それを皆さんは、特権的ないくつかの機会の一つとして、例えば開く窓の中に見出します。認識という幻の世界、私が舞台と呼ぶ世界の限界を画するあの開く窓です。縁、枠づけ、裂け目は、このシェーマの中では少なくとも二回現れています。鏡の縁、そして◇という小さな記号です。これが不安の場であるということ、このことは、その真ん中に探し求めるべきものの信号として、皆さんがつねに念頭に置いておかなくてはならない点です。

フロイトのドラに関するテキストはぜひ参照していただきたいテキストですが、これは、何回読んでも、それが提示する二重の側面に改めて驚かされるテキストです。不十分さと貧弱さ、これが、初心者がこのテキストを読んだ際に最初にもつ印象です。しかし、このテキストが何に突き当たっているか、その到達点の深さは、このテキストがいかに我々がいま描き出そうとしている領野の周りを巡って書かれているかということをよく示しています。

『饗宴』に関する私の話をお聞きになった方々にとっては、ドラのテキスト――もちろんまずこのテキストに親しんでいただかなくてはなりませんが――は、転移が問題になるとき、つねにたくみに回避されるある次元のことを思い出させてくれるものです。つまり、転移とは単にある状況を、ある活動を、ある姿勢を、昔のある外傷体験を再び引き起こし、反復するだけのものではないということです。そこにはつねにもう一つの座標軸があります。私が、ソクラテスの分析的介入に関連して――つまり、現実界の中に愛が現れているのを指摘できるような例において――強調した座標軸です。転移もまたこの愛の帰結、この現実界の中に現れる愛の帰結であるということを知らなければ、我々は転移について何も知ることはできません。分析家は、分析の流れの中でこのことを思い出さなければなりません。この愛は様々な仕方で現れています。ただ、少なくとも分析家たちが、この愛がそこにあって目に見えている時には、愛のことを思い出しているという限りで。このいわば現実的な愛の機能との関連で、転移の中心的な問い、「アガルマ」に関して主体が立てる問いが設立されます。つまり、主体に欠けているものに関する問いです。なぜなら主体はこの欠如によって愛しているからです。

愛は自身がもっていないものを与えることであると何回も繰り返し言ってきましたが、それはそれなりの理由のあることです。これは去勢コンプレックスの原理とさえ言えましょう。ファルスをもつためには、そしてファルスを利用することができるためには、ファルスであるのではない、のでなければなりません。

ファルスであるように見える、そういう諸条件へと戻ること――というのは、誰もがまたファルスであるからですが、男にとって、それは疑いのないことですし、女にとってどのようにして女がそれであることになるか、そのことについては後でもう一度お話しすることになるでしょう――これは、やはりとても危険なことなのです。

3

今日の話を終える前に、皆さんに、同性愛の娘と言われる患者との関係に全編が割かれているフロイトのあのテキストをお読みになるよう、それだけ、お願いしておきます。

思い出してください。分析は次のことを明らかにしています。その女性は、芳しくない評判のある婦人への誇示的な愛によって同性愛へと向かい、その婦人に対し、本質的に男性的な仕方とフロイトが言っているやり方で行為するようになっていったのですが、それはもっぱら、弟の誕生と関連して現れた謎めいた失望をめぐって起きたことでした。

我々は、この症例についてわけも分からず話すことにすっかり慣れてしまっているので、私が宮廷愛の機能について皆さんにお示ししようとしたものを、フロイトがこのテキストで強調しているということに気づかないのです。フロイトは、類比の技巧によって、実に見事な一筆でそれを強調しています。つまり、彼女は、婦人のためにはすべてを耐え忍び、もっとも些細で、もっとも実りのない好意で満足し、むしろそうした好意しか得ることができないことを望む騎士のように振舞っている。彼女は、彼女の愛の対象が見返りと呼べるようなものを超えた向こう側へと行けば行くほど、その卓越した尊厳の対象をさらに評価するのだ、と。

世間が、ご多分に漏れず、彼女の愛の相手の行動について、怪しいと噂を立てるようになったとき、愛は、その女性を救うという新たな目標によってさらに力を得ます。これらのことはすべてフロイトによって見事に指摘されています。

件の女性患者がどのような事情でフロイトのもとに診察に来たのかはご存知ですね。その女性と愛人との関係は一種の挑戦的なやり方のために街中に知れ渡るものとなっていました。フロイトはすぐに、この挑戦的やり方が家族の中の誰かに向けられた挑発であることに気づきました。そしてほどなく、父に対するものであることが明らかになります。二人の関係は、ある出会いによって終結に至ります。その女性は、父の事務所の前の道を愛人とともに歩いていて、父と出くわします。父親は彼女にイライラした視線を投げつけます。舞台はそこで急展開を迎えます。愛されているこの女性にとって、このアヴァンチュールはおそらく曖昧な気まぐれでしかありません。彼女は、明らかにちょっとうっとうしいと感じ始め、面倒なことに関わりたくないと思い、件の娘に、もう十分に続いたわね、ここらでやめておきましょう、もう毎日花を贈ったりしないで、私につきまとうのはよしてね、といったことを言います。これを聞いて、その娘は即座に橋から身を投げるのです。

以前、ハンス症例の意味を十全に読み解くためにウィーンの地図を詳細に検討したことがありましたが、今日は、身を投げたのがどこかまでお示しすることはしません。おそらくそれはペレール大通りにいまも見ることができるようなものだったのでしょう(6)。ペレール大通りの脇には、底に小さな鉄道の線路が走っていた掘割があります。いまではその鉄道はもう走っていませんが。その娘は、そうした掘割へと身を投げた、つまり「niederkommt 分娩、落下」したのです。

この「niederkommt」という語の意味を十分に汲み取るためには、出産という含意とのアナロジーを思い浮かべるだけでは不十分です。この「niederkommen」は、主体と、主体が小文字の a としてそれであるところのものとの突然の関係づけすべてにとって、本質的なものです。メランコリーの患者にはこうした傾向があって、面食らわせるほどの速さで窓から身を投げたりしますが、それにはそれなりの理由があります。実際、舞台と世界との境界を我々に思い浮かべさせてくれるという点で、窓は、この行為が何を意味しているか、我々に示しています。患者は、いわばそれによって、自身を感ずる根本的締め出しへの回帰を成し遂げているのです。主体の絶対、我々分析家だけがそれについて観念をもつことのできるこの主体の絶対において、欲望と法の結合が成就するその瞬間に、この跳躍はなされます。レスボス島の女騎士とアンナ・カレーニナ風の女性とのカップルが父親と出会ったときに起きたのは、まさにこのことです。

父親がイライラした眼差しを向けたからだと言ってみても、どのようにしてあの「行為への移行 passage à l'acte」が引き起こされたのかを理解することはできません。そこには、この関係の基礎、その構造そのものに由来する何かがあるのです。何が問題なのでしょうか。簡潔に言いましょう。もう十分に準備してきましたから皆さんよくお分かりかと思います。

歳の離れた弟の誕生によって父親に失望し、人生の転回点を迎えたその娘は、女性の去勢をもって、貴婦人に対する騎士の振る舞いにしようと努めていました。つまり、自身の男性的特権を犠牲にして貴婦人に捧げようとしていたのです。こうして、この犠牲の反転を介して、その婦人は〈他者〉の場における欠如の支えとなります。つまり、その婦人は、法こそがまさに父の欲望であることの、ひとがそのことについて確信していることの、さらには、父の栄光、絶対的ファルス、すなわちΦがあることの究極の保証となるのです。

　確かに、この娘と父親の関係においては恨みと復讐こそが決め手となっています。娘の恨みと復讐はこの法、つまり至高のファルスです。ここに、私は大文字のΦを置きます。私はあなた、父への愛着において失望したので、そして私はあなたの従順な妻でもあなたの対象でもいられないので、〈彼女〉こそが私の〈貴婦人〉となるのです。そして私は、私自身から押しのけられたものとの理想的関係、つまり女性としての私の存在において不十全さであるものとの理想的関係を、支え、作り出すものとなるのです。その娘が、自身のナルシシズム、おしゃれ、媚、自身の美しさ、そうしたものすべてを育むことを投げ捨て、〈貴婦人〉に仕える騎士となっていることを忘れてはなりません。

　こうしたことすべて、この場面のすべてが、あの橋の上の出会いにおいて父親の目に触れることになりました。そして、視線に感じた非難によって、娘がとても気に入っていたこの場面がその価値のすべてを失います。まさにそのために、私が不安の座標軸をお示しした最初の表を参照するとすれば、究極の塞がり《アンバラ》とでも呼びうるものが、この時生じるのです。

　次に来るのは感動《エモスィヨン》です。表を参照してください。その正確な座標上の位置がお分かりになると思います。感動《エモスィヨン》は、愛人が彼女に対してしたことにその娘が対処できないという、その突然の不可能性によって彼女にやって来ます。

　これは、「アクティング・アウト」と行為への移行との違いについてお話しすべきことを、少し先取りして話すよう私に依頼した方のために、お話ししているのです。この点については後でまた戻ります。しかし、本来の意味で行為への移行と呼ばれるものの二つの本質的な条件がここで具体的に現れているのをすでに見てとることができましょう。

一つは、主体自身がそれへと還元される小文字のaと、主体との、絶対的同一化です。これこそ、あの出会いの瞬間に娘に起きたことです。もう一つは、欲望と法の対決です。ここでは娘の行動のすべてがそれをもとになされている父の欲望と、父の眼差しに現れている法との対決です。まさにこれによって娘はaと決定的に同一化したと感じ、それと同時に、場面の外、舞台の外へと投げ捨てられたと感じたのです。そして、このことはまさに「落とす laisser tomber」、あるいは「身を投げる se laisser tomber」ことによってのみ、実現されうるのです。

今日は時間が十分にありませんから、このあとどの方向へと進むのかについてお示しすることはできません。それでも、対象への同一化の喪に関するフロイトの指摘、つまりそれは喪を感じている者の復讐と彼が表現するものと関わっているとした、あの指摘だけでは不十分だということは、言っておきましょう。我々は服喪し、それによって価値引き下げの効果を感じます。こうしたことが起こるのは、我々が服喪しているその対象が、我々の去勢の支持物であった対象、我々が我々の去勢の支持物にしていた対象であるという限りにおいてなのです。去勢が我々に戻ってくるとき、我々は、本質的にこの去勢の場所へと回帰するものであるという限りにおいて、我々であるところのものとして自身を見るのです。

お察しのように、私は時間がないので急いでいます。一つの指示を与えることしかできません。どの程度それがここで起きているか、二つの事柄がそれを示してくれます。

一つは、患者が分析において一見進展を示しているかのように見えたとしても、フロイトにはそれがいわば「鴨の羽に水」(7)と感じられていたという、そのことです。〈他者〉という鏡の中での小文字のaの位置を、フロイトはあらゆる可能な座標軸を使って完璧に示しています。もちろん、彼が私のトポロジーの諸要素を知っていたわけではありません。しかし、フロイトは次のように言っています。私がその前で立ち止まった事柄、私がぶつかった事柄、それは催眠において起きていることと同じようなものだった、と。これより明瞭な言い方はできないでしょう。催眠で起きていることとは何なのでしょう。催眠にかけられた者は、〈他者〉という鏡の中に、点線で描かれた花瓶の水準にあるもののすべて、鏡像化することのできるもののすべてを読み取ることができます。詳しく見ましょう。鏡、ガラス瓶の栓、催眠術者の眼差しなどが催眠の道具立てになるのは決して偶然ではありません。催眠において主体が見ることのできないもの、それは唯一、ガラス瓶の栓そのもの、術者の眼差しそのもの、つまり催眠の原因です。催眠の原因は催眠の帰結の中に姿を現すことはありません。

もう一つ参考にすることができるのは、強迫神経症者の疑いです。そして、強迫神経症者の分析を極めて長いものにしている根元的な懐疑がいったい何に関わっているのかという点です。強迫神経症者がどのようなディスクールに終始するかフロイトが見事に我々に伝えているまさにその点に、強迫神経症者の治療は中心を置いているという限りで、強迫神経症者の治療はいつも分析家と被分析者の蜜月です。フロイトはこう言っています。強迫神経症者は実にいい人だ。私にとても見事なことばかりを話す。ただ、困るのは、それを私が信じることができないことだ、と。これが中心であるのは、それがそこ、つまりxにあるからです。

同性愛の娘の例において起きているのは、ファルスそのものをaの場へと何らかの方法でもち上げることです。それこそまさに、我々にこの治療の行方がどうなるのかを明らかにしてくれるものです。

この点についてお話しするのは気が咎めます。フロイトのテキストは見事に啓示的なものですから、私がそこに他の要素を付け加えることなどできないからです。当時、発見の途上にあったこの男が、このテキストの締めくくりとしたその言葉が、繰り返し言われる凡百のリフレーンと同じものであるなどと、決して思わないでください。フロイトは、同性愛の決定因が体質的因子か歴史的な因子か、そんなことはどうでもいいと書いています。「Objektwahl 対象選択」を識別し、さらに対象選択が特異なメカニズムをもっていることを示すことによって、フロイトは対象そのものを分析の固有の場として取り出します。すべては主体とaとの関係をめぐって展開しているのです。

この分析における逆説は、先回私が、去勢コンプレックスの次元ではいかに操作するべきかという問いをフロイトが我々に託した点として、皆さんにお示ししたものと境を接しています。この逆説は、この観察記録の中に書き込まれているある事によって示されています。このある事が分析家の間に驚きを引き起こしてこなかったことこそ、私にはむしろ驚きです。つまり、この分析は、フロイトが彼女を棄てる(laisser tomber)という形で終わっているということです。

ドラについては――ドラのことはいずれまたお話しすることになりますが――我々はいまでは何が起きているかもう少しうまく言い表すことができます。決してやり方が悪かったわけではありません。ドラが究極まで分析されていなかったにしても、フロイトは明確にすべてを見極めていました。しかし、同性愛の娘については、フロイトは匙を投げています。このケースはaの機能が極めて優位になっていて、彼女は現実的なものの中に移行する、つまり行為への移行にまで至るのですが、フロイトはこのケースの象徴的関係についてはよく分かっていました。私はどうすることもできないだろう。フロイトは自らにそう言って、彼女を女性の同僚に任せています。彼自身がイニシアティヴをとって彼女を棄てて(落として laisser tomber)いるのです。

今日はこの棄てて(落として laisser tomber)という言葉で終わりにしましょう。この言葉についてよく考えておいてください。

私の関心が転移の分析的操作における本質的な参照点という主題に向かっていることはよくお分かりでしょう。

一九六三年一月一六日

訳註

（1）Freud, S.: XXXII. Vorlesung. Angst und Triebleben, Neue Folge der Vorlesungen zur Einführung in die Psychoanalyse, G.W. XV, pp. 86-118. フロイト「第三二講　不安と欲動生活」『続・精神分析入門講義』全集第二一巻、岩波書店、一〇五頁―一四四頁。

（2）底本のミレールの版では ausseres となっているが、ここはドイツ語原書(ibid., p. 103)に添って、形容詞 äußeres とした。同邦訳一二五頁。

（3）Libidohaushalt は ibid., p. 106 に出てくる語。同邦訳一二九頁では「リビード家政」と訳されている。フロイト著作集第一巻(人文書院)、四六七頁では「リビドー経済」と訳されている。Haushalt は haus と halt からできている言葉で、「家計のやりくり」というほどの意味である。この言葉に、このセミネールで議論されているほどの意味を読み取るのは難しい。Libido-aushalt という言葉の誤植とも考えられるが、フロイトの『続・精神分析入門講義』第三二講には、そういう表現はなく、また aushalten という動詞すら使われていない。フロイトが他の箇所で提示している言葉か。

（4）原語は précession. 歳差運動、歳差。傾いて回っているこまの心棒に見られるような、すりこぎ状の円錐運動。あるいは、その軸のずれ。

（5）incognito は「匿名、変装などで正体を隠して」という意味のイタリア語。「お忍びで」という副詞、あるいは「匿名の者」「変装した者」という名詞として使われる。

（6）パリ一七区の Boulevard Pereire. 大通りの一部の脇に古い鉄道跡が残っている。

（7）l'eau sur les plumes d'un canard. 糠に釘、暖簾に腕押しなどと同じような意味。

Ⅸ　行為への移行と「アクティング・アウト」

——身を投げること、そして舞台に登ること

今日も、小文字のaとして皆さんにお示ししているものについて、話を続けましょう。まず、小文字のaと主体との関係についてお話しすることから始めますが、それは我々の進む軸を保ち、皆さんが私の説明によって道をそれることがないようにするためです。しかし、本来、今日強調しなくてはならないのは、むしろ小文字のaと大文字の〈他者〉との関係です。

　小文字のaは、〈他者〉から自らを分離しています。小文字のaは主体の〈他者〉に対する関係において残余として構成されます。だからこそ、このシェーマをもう一度描いておきました（図15）。

S	$\not{A}$	0
A	$\$$	a

図15　割り算の第２のシェーマ

　これは割り算[1]の筆算と同じ形のものです。

　右上に主体S、我々の弁証法において、シニフィアンの機能から出発するものとしての主体があります。これは弁証法の起源にある仮説的な主体です。棒線を引かれた主体、これは、分析経

験が到達するところの唯一の主体であり、シニフィアンの痕跡として〈他者〉の場で構成されます。逆に、〈他者〉のすべての実在は欠如する保証へと宙吊りにされています。まさに、このことから、棒線を引かれた〈他者〉が帰結します。
しかし、この演算によって現れる一つの残余〈余り〉があります。それが小文字のaです。

1

先回、同性愛の娘の例を出発点にして私は主体のaに対する関係の構造的特性を取り出して見せました。あの同性愛の娘のケースは他に類のないケースというわけではありません。というのも、この症例はドラのケースの裏打ちのようにして姿を現しているのですから。

この本質的な可能性、普遍的とも言えるこの関係――というのも、あらゆる水準でaに関してはつねにこれを見出すからですが――これを私は、あの同性愛の娘をフロイトのところに連れてくることになった行為への移行〈passage à l'acte〉に関連してフロイトが使っている言葉を借りて、「laisser tomber」つまり「niederkommen lassen 落下させること、落とすこと」と呼びました。普遍的と言いましたが、これこそこの関係をもっとも特徴的に表している言葉です。なぜならこの関係はまさに残余の機能に関係しているからです。

先回、私が次のような指摘をして話を終えたのを皆さんは覚えていらっしゃいますね。この同性愛の娘のケースの範例的困難に対してフロイト自身が出した答えがまさにこの「棄てる laisser tomber」であったという点です。フロイト自身が彼の行動、振る舞い、経験として明かしている事柄の中で、これは唯一の「棄てる laisser tomber」なのですが、同時にそれは、このテキストの中であまりに明白で、ほとんど挑発的なので、ひとによっては読んでいても目に入らないほどです。

この「棄てる(落とす)laisser tomber」は行為への移行の本質的相関物です。この「棄てる(落とす)laisser tomber」がどちらの側に見えているのか、明確にしなくてはなりません。それはまさに主体の側に見えているのです。幻想の定式を参照するなら、棒線によって最大限に消されているものとしての主体の側に、この行為への移行はあるのです。行為への移行の瞬間は主体のもっとも大きな塞《アンバラ》がりのときです。これに、運動《ムーヴモン》の乱れとしての感動《エモスィヨン》が行動として付加されます。この時、まさに主体のいる場から主体はこぼれ落ち、舞台の外へと落ちます。彼のいる場からというのは、すなわち、舞台からということです。舞台においては、根本的に歴史化された主体としてのみ、主体は主体としての境位の中に維持されるのです。

これがまさに行為への移行の構造です。

同性愛の観察記録の娘は、半地下の市電が走っている掘割への境界となっている手すりの上を越えます。ドラはK氏のあの煮え切らない罠、不器用な罠、「妻は私にとって何でもない」によって陥れられた塞《アンバラ》がりの瞬間に行為へと移行しています。その時彼女が彼に食らわせた平手打ちが表しているのは、まさにもっとも完璧な両価性以外の何ものでもありません。つまり、彼女が愛しているのはK夫人か、K氏か、という両価性です。平手打ちが、それがどちらなのかを我々に伝えているわけではありません。しかし、このような平手打ちはこうした記号の一つ、運命における決定的瞬間の一つです。それが人生における転轍機としての価値をもって世代から世代へと展開しているのです。

主体は舞台から逃走する方向へと赴きます。それが我々に、行為への移行をその固有の価値において認識し、さらに、まったく別のもの、すなわち「アクティング・アウト」から区別することを可能にしているのです。

他の例をお示ししましょう。極めて明白な例です。フーグ、遁走と呼ばれるものに行為への移行というレッテルを貼ることに、誰が反対するでしょうか。遁走に身を任す主体、様々な程度の幼児的位置に置かれている主体のこの遁走をいったい何と呼べばいいのでしょうか。これはまさに舞台からの出奔、純粋世界へのさすらいの旅立ちです。主体はその純粋世界の中で、棄てられ排斥された何ものかを探求し、それとの出会いを求めてさすらうのです。主体は「見習い水夫となって旅出ち se fait mousse」ます。そして、もちろん、彼は帰ってきます。するとそれが「自分のことを吹聴する se faire mousser」機会になります。出発、それはまさに舞台から世界への移行です。

だからこそ、不安に関する講義の最初の言葉をこの二つの領域の区別について語ることから始めたことが、これほどに有用だったのです。つまり、一方において世界、現実的なものがひしめき合っている場があります。もう一方においては、〈他者〉の舞台があり、そこで、主体としての人間が言葉をもつ人間として自らを構成し、自らの場を得なければなりません。しかし、ひとが話すのは、ただ構造の中においてであり、しかも、その構造は、いかに真正なものと見えようとも、虚構の構造でしかありません。

不安の機能へと深く踏み込む前に、「アクティング・アウト」は一見不安の回避のように見えはしますが、この「アクティング・アウト」について後ほどお話しするということをお知らせしておきましょう。いずれにせよ、いまこの問題についてあれこれ言っていることは、皆さんには寄り道をしているように見えるでしょう。確かに、それは余分な寄り道、過剰な寄り道かもしれません。しかし、皆さんは、そこに私の言説が最初にすでに本質的なものとして取り出した問いをいま一度見出しているのだということを、よく見てください。不安は、主体と〈他者〉との間では絶対的なコミュニケーション(communication)の一様式なのではないのか、という問いです。つまり、これが絶対的なコミュニケーションであるからこそ、ひとは、不安というのは、主体と〈他者〉にとって、本来的には、共通の(commune)ものではないのかという問いを立てることができるのです。(2)

この点について私は、ある種の動物に不安が見られるという事実を考慮に入れなければならないという点を、メモしておきます。これは私たちに最大の困難をもたらしている不安の特徴の一つです。これを忘れてはなりません。不安について語るときには、つねにこのことを念頭に置いておかなくてはなりません。ここに白い石を置いて、後の日印としておきましょう。いかにして、ある感情について、動物にもそれがあると確信することができるのでしょうか。不安こそまさに、動物においてそれが現れたときに、我々がそれを疑うことのできない唯一の感情です。我々は、そこに、不安がもっている特徴として私がお示しした特徴、すなわち騙さないものであるという特徴を、外的な形として、再認識できるのです。

2

今日、踏破しようとしている道の概要をお示ししましたので、思い出していただきたいいくつかの指摘から始めます。

フロイトの後期の思索は、不安は自我における信号であるということを我々に示しています。

この信号が自我の中にあるとするなら、それは、理想自我の場のどこかにあるはずです。すでに私は十分に準備をしてきましたから、これがシェーマの中の x の位置にあるはずであることを、皆さんは十分にお分かりかと思います。

この信号は、自我の想像的場における縁をなす現象です。縁という言葉はフロイト自身の以下のような主張に依拠することで正当性を保証されます。それは、自我は一つの表面であるという主張です。しかも、フロイトは、表面の投影であるとも付言しています。この点については以前しかるべきときに指摘いたしました。ですから、自我は一つの色であると言えましょう。色という語の隠喩的用法の正当性については後で機会を見てお示ししますが、この色が鏡像的表面の縁に生じます。それは $i'(a)$ であり、それ自身、現実的表面 $i(a)$ の鏡像としての反転です。

理想自我は機能であり、その機能を通して、自我がいくつかの対象への一連の同一化によって構成されます。これらの対象は、それをめぐってフロイトが『Das Ich und das Es 自我とエス』の中で自分を困惑させている問題、つまり同一化と愛との両義性という問題を強調していた対象のことです。ですから、言説の中の我々自身の主体性の境位そのものを検証にかけるいくつかの定式の力を借りなければ、我々がこの問題へと近づけないということに、それほど驚くことはないでしょう。言説と言いましたが、この言説は衒学的な言説、教育的な言説とご理解ください。ここで問題になっている両義性とは、私がすでに長いこと皆さんに強調してきた関係、つまり存在と所有の関係のことです。

この点を、フロイトの仕事の興隆点で取り上げられている指標によって強調するなら、それは例えば、同一化、主として喪の基底にあるものとしての同一化です。小文字の*a*つまり同一化の対象はいかにして愛の対象としての*a*でもあるのでしょうか。それは、小文字の*a*が、自身がそこに出現するところの境位から、つまり愛すべき者《エマーブル》の境位、「érôménos 被愛者」の境位から、隠喩的にではあれ、「加愛者《アマン》」――中世的、伝統的な用語を用いますが――を取り出し、「érôménos 被愛者」を「érastès 加愛者」、欠如の主体へと変える、その限りにおいて、そうなるのです。欠如とは、加愛者がそれを通して本来的に愛において構成されるところのものです。このことが加愛者にいわば愛の道具を与えます。それは――またこの点に戻るのですが――人は自身がもっていないものによって愛するのであり、加愛者となるからです。

*a*が、私たちのディスクールの中で*a*と呼ばれているのは、先日検討した、文字のもっている代数的同一性の機能のためだけではありません。それは、ちょっと冗談を込めて言うのですが「人がもはやもっていないもの ce qu'on n'*a* plus」でもあるのです。ですから、このもはや愛においてもっていない*a*を、人は退行的な道を通して、同一化によって、つまり*a*であることへと同一化するという形で、再発見することができるのです。だからこそフロイトは愛から同一化への移行をまさに退行という言葉で形容したのです。しかし、この退行において*a*はそれがそれであるものにとどまります。つまり道具です。いわば、人は、それであるところのもの「によって」、それをもったりもた

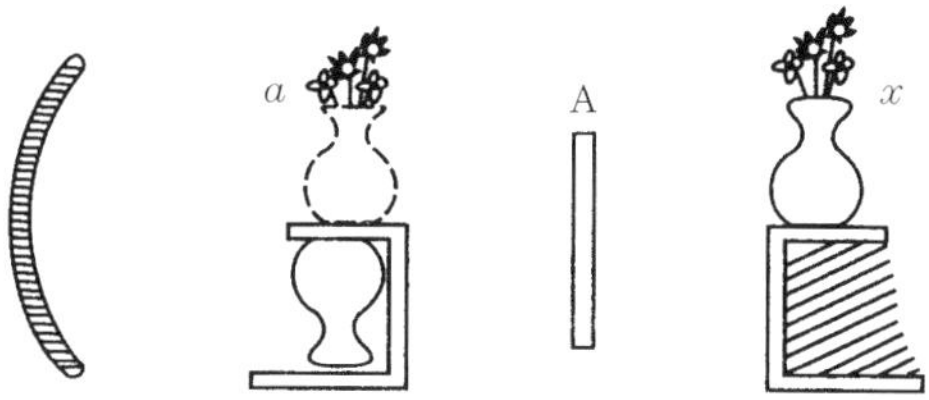

図 16　諸対象 a を取り囲む実像

なかったりするのです（図16）。

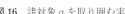

実像が $i(a)$ として現れるときに、構成された実像によって、人は花瓶の首のところに対象 a の多様性、現実の花々によって表されている対象 a の多様性を捉えたり、捉えなかったりします。このことは、奥にある凹面鏡、つまり大脳皮質の構造の内にある何ものかのシンボルである凹面鏡のおかげで可能になっています。この凹面鏡は、人と人の身体像との関係、人と身体の構成可能な様々な対象との関係、$i(a)$ が構成される機会を得た際に把捉されたりされなかったりする原初的身体のいくつかの断片と人との関係、そうした関係の根拠となっているものです（図17）。

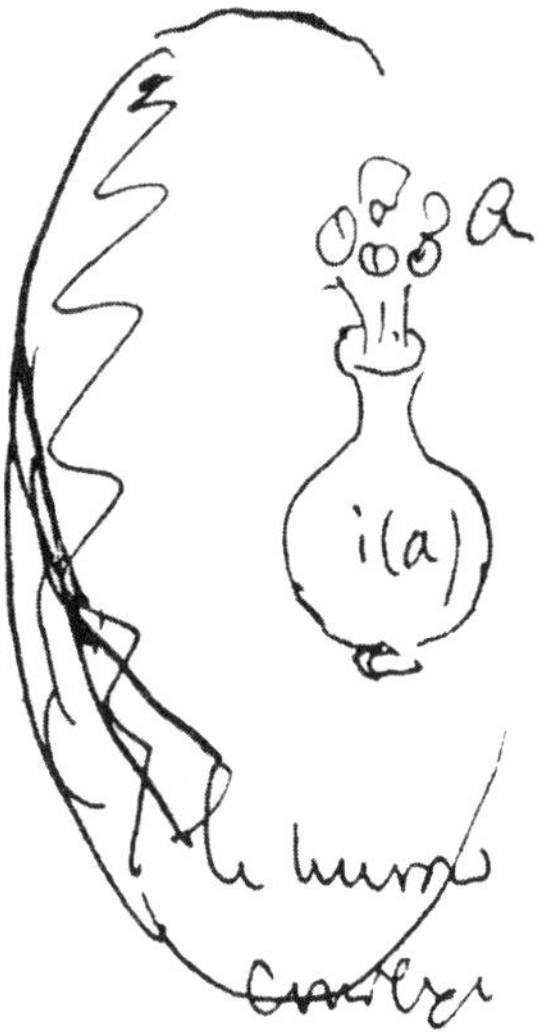

図 17

鏡像段階以前には、後に $i(a)$ となるものが、様々な小文字の a の混乱の中にあります。この様々な小文字の a については、それをもっているとか、もっていないと言うことは、まだ問題になりません。これが自体愛という言葉に与えるべきもっとも本質的な意味です。そこでは、自分自身がまるまる欠けています。ここで欠けているのは、よく間違って言われるように外的世界ではなく、自分自身なのです。

まさにここに、あの寸断された身体の幻想の可能性が書き込まれています。おそらく、皆さんの中の何人かの方が統合失調症者において経験したことのあるあの幻想です。しかし、だからといって、そもそもこのことはこの幻想の決定論的な説明を可能にするものではありません。だからこそ、私は、最近なされたある研究の利点、この現象に決定論的な説明を与える座標軸を獲得する上での利点について指摘したのです。その研究は決してこの問題の全容を明らかにしてくれるわけではありません。ただ、統合失調症者の母親にとって、胎児がお腹の中にいるときにその胎児がどのようなものであったかについて、母親が言葉に表すことを正確に指摘することで、この問題のいくつかの特徴の一つを暗示しています。それはまさに、くつろげる身体でありながら、逆に同時に当惑させる身体以外の何ものでもありません。つまり、純粋に現実的なものとしての a の主体化です。

もう少しの間、$i(a)$ の出現以前の状態にとどまってみましょう。すべての小文字の a とこの実像――この実像は、それをめぐって、それらの小文字の a が、人がもったりもたなかったりするところの残余となる、そういう実像です――との区別以前です。ここにとどまるのは、次の指摘をするためです。

フロイトは、不安は縁の現象であり、自我が何ものかによって脅威にさらされたときに自我の限界点において生ずる信号であると言っています。この何ものかが露わになることはありません。これは a であり、残余であり、〈他者〉が強く嫌っているものです。経験の線路の上を動いていく内省が、いかにして分析家たちを、つまりまずはランクを、そして次にはフロイトを――この点に関してはフロイトが後です――次の点へと思い至らしめたのでしょうか。それは、つまり、不安の起源を、誕生の時点、鏡像段階以前、自体愛以前に求めるということですが、分析の集団においては誰も、そんな時点において自我の構成を語るなどということを考えもしませんでした。まさに、このことが、不安を自我における信号、そして縁における現象として規定することが、自我が構成された時点においては可能であるとしても、それでは決して言い尽くしたことにはならないということの証左となっているのです。

我々は不安を伴う現象としてもっとも知られている現象の中にこのことを見出しています。離人症と言われている現象です。これは自我の構造とまったく逆の構造をもつ現象です。このことは我々に、避けて通ることのできない問い、離人症を正しく位置づけるという問いを立てさせます。分析的な視点からは明らかに曖昧な仕方で、著者たちの多様性によって様々な現象がこの離人症という項目のもとに分類されています。

私は以前、フランス学派の何人かの著者に固有ないくつかの標識を参照したことがありますが、これらの標識の中で、離人症がどのような位置を占めているか、お分かりでしょう。これらの標識と私がここで展開している話との関係を把握することは、皆さんにとって難しいことではありません。今日の話に先立って私自身が描いてきた素描は、フランス学派の中で異質なものではないと思われます。距離という概念も、実際このシェーマの中で捉えることのできるものです。このシェーマで、私はいつも距離ということを強調してきました。この距離は、鏡との関係において主体に自身からの隔たりを与えるのに必要な距離であり、鏡像という次元は主体にこの隔たりを与えるためのものです。しかし、だからといって、何らかの「接近させること《ラプロッシェ》」がこの距離の必要性に由来する様々な困難のいずれかを解決するなどと結論づけることができるわけではありません。

換言すれば、精神病では対象がはびこっているわけではない、ということこそ、言っておかなくてはなりません。いったい、何が、自我にとって対象を危険なものにしているのでしょう。対象を自我化にとってふさわしくないものとしているのは対象の構造そのものです。

皆さんに、まさにこのことを把握していただくために、私は、隠喩とも呼びうるものの助けを借りて、お話ししてきました。しかし、私は、これは単なる隠喩ではなく、トポロジー的な隠喩だと考えています。つまり、それは、これらの対象のいくつかの構造における鏡像化不能な形の可能性を導入するという限りで、まさにトポロジー的な隠喩なのです。

現象学的には、離人症が始まるのは鏡像の非認識においてであるというのは当たり前のことのように思われます。いったいどれだけの事実が臨床において観察されているか、そして鏡像において、あるいは鏡像に似たものなら何でもいいのですが、そこに、自身を認めないということがどのような頻度で起きているか、皆さんそれぞれご存知でしょう。さらには、離人症的なぐらつきによって主体が把握され始めるということも、ご存知でしょう。しかし、事実を伝えるこの定式も、やはり不十分です。鏡の中に見られているものがかくも不安を引き起こすのは、それが〈他者〉の承認へと委ねられないものであるからです。

鏡の経験に特徴的なものとして、また〈他者〉の空間における理想自我の構成に範例的なものとして私が指摘した瞬間を参照していただくだけで十分でしょう。つまり、子供が振り向く瞬間です。その時、子供が見ているのは、私が描いたそのよく見られる動きによると、この〈他者〉、証人、子供の後ろにいる大人です。その大人は微笑によって子供に歓喜の表出を伝えます。歓喜、つまり子供を鏡像と交流させる何かです。鏡像との間に設立される関係が、主体が鏡像にあまりにとらえられていて、主体がこの動きをすることができないほどの関係であるならば、純粋に双数的な関係が、主体から主体と大文字の〈他者〉との関係を剥奪することになります。

この剥奪の感覚は、精神病において、多くの臨床家によって指摘されてきたことです。精神病においては、鏡像化が奇妙なものになっています。英語で「odd」(3)と言うように、奇で、対称の外のものです。それは、モーパッサンの「Horla (hor là) オルラ」つまり、空間の外、重ねうるものの次元という限りでの空間の外のことです。

ここまで話を進めてきましたから、誕生の不安と結びつく分離が何を示しているかという点について、少し考えてみましょう。そこには、なんらかの不明瞭なものが残っていて、そこからあらゆる錯綜が生じています。時間がありませんから単に示唆することしかできませんが、いずれこの問題には戻ります。しかし、誕生の場における不安の現象の構造化に関しては、かなり慎重に進めなければならないということは知っておいてください。

フロイトのテキストをご覧になれば十分でしょう。フロイトはこう言っています。出生時不安の次元で、主に血管運動系と呼吸運動系の布置が構成されます。これは、やがて信号の機能における不安へと移行させられる現実的な布置です。つまり、この布置が、ヒステリー発作が構成されるのと同じ仕方で、不安へと移行するのです。ヒステリー発作自体が、ある種の情動的諸契機の表現として生来与えられた運動の再現だとされています。これは確かにまったく構想しようのないことです。不安と自我とのこれほど複雑な関係を、出発点に据えることなど不可能です。たとえ、これに続いて、この不安が自我の信号として役立つとしても、それはただ、$i(a)$とaとの関係を仲介にして、もっと正確に言うなら、この関係における構造的なものとして我々が探求しなければならないもの、つまり切断を仲介にしてでしかありません。

ところで、出発点に特徴的な分離、我々にその関係（$i(a)$とaとの関係）に接近し、それを理解させてくれる分離、この分離は母との分離などではありません。ここで問題になっている切断は、母と子供の切断ではないのです。

始原において胎児が母親の中に棲みこんでいる形式は、確かに、哺乳類における卵と母の身体との関係のすべてをもっています。胎児が、母の体にとって異物であり、寄生体であり、胎児を受け入れるために特化された器官つまり子宮の中へ、絨毛膜の血管組織という根によって嵌め込まれた物体であるということ、そしてこの子宮の粘膜との間に、胎児が錯綜した関係をもっていることは、皆さんご存知でしょう。我々の関心を引いている切断、臨床上認識しうるいくつかの現象に痕跡を残している切断、それゆえ回避することのできない切断、これは、我々の考え方の中では、ありがたいことに、生れ落ちてくるときの子供における切断よりもずっと満足のいくものです。

何からの切断でしょうか。それは胎児の包みからの切断です。

一〇〇年以内に書かれたものならどれでもいいですから、ともかく発生学の本をご覧ください。そうすれば、鏡像段階以前の全体であるaについて十全な考え方をもつためには、これらの包みを胎児の体の要素として捉えることが必要だということが、把握できるでしょう。これらの包みは卵から分化します。これがいかに奇妙な形で分化してくるか、皆さんお分かりになることでしょう。「クロス・キャップ」をめぐって探求を重ねてきた昨年度の後ですから、皆さんご理解いただけると信じています。これらの包みを描いた様々なシェーマに、皆さんは表と裏の関係のあらゆる多様性を見ることができるでしょう。羊膜に包まれて胎児が浮いている外なる体腔、あるいは羊膜腔そのものが、内胚葉と連続した面を外側に現しながら、外胚葉の膜に包まれていたりするのです。

要するに、胎児の離断によってこの包みから切り離されたものと、「クロス・キャップ」上でのあの不可思議な*a*というものの切り離しとの間に見て取れる類似がどの程度のものか、皆さんやがてお分かりになるでしょう。この*a*の切り離しについては以前に強調しました。この類似について後でまた考えてみなければならないのですが、その時に役に立つよう、今日はすでに十分にそのことを強調できたと思います。

そういうわけで、今日、我々に残されているのは、皆さんにすでにタイトルでお知らせした点、つまり、「アクティング・アウト」が、小文字の*a*と大文字のAとの本質的な関係においていったい何を示しているのかを考えることです。

3

「アクティング・アウト」であるものはすべて、行為への移行(passage à l'acte)とは対置されるものです。「アクティング・アウト」は我々がすぐにそれと分かるようないくつかの特徴をもって現れます。

「アクティング・アウト」と*a*との必然的な深い関係、私が皆さんの手をとって——皆さんを、落として(laisser tomber)しまわないように——お連れしたいのは、まさにそこです。

患者〔主体〕が置かれたある種の状況において、落とさないように手でつかんでいることがどれほど重要であるか、皆さんの臨床上の経験をよく振り返ってみてください。皆さんがそうした状況に出会ったとき、その状況こそが主体にとっては小文字の*a*であるということを、皆さんは絶対的に確信することができます。それは非常によく見られるタイプの結合体をなしています。しかし、だからといって、その結合体がそれだけより扱いが容易であるというわけではありません。なぜならここで問題となっている小文字のaは主体にとって、もっとも厄介な超自我でもありうるからです。

我々が男根的女性と呼ぶ母親の型があります。この言葉に内実がないわけではありませんが、我々はこの言葉をそれが何を意味しているのかまったく知らないままに使っています。このラベルを貼る際には十分に慎重にならなくてはなりません。しかし、次のようなことを言う人と関わり合いになったなら、皆さんはその時こそ、男根的女性という言葉で呼ぶのがふさわしいものが何か、お分かりになることでしょう。それは、ある対象が彼女にとって大事なものであればあるほど、彼女はそれをなぜか残忍にも落下から守らないようにしてしまい、この種のカタストロフに何らかの奇跡を期待しているのだとか、もっとも愛している子供はかつて訳が分からないままに落としてしまった子供だといったことを言う人たちです。他にもいろいろな言い方があるでしょうが、この言い方がもっとも間違いのない形であると言えましょう。ギリシャ悲劇において、クリュタイムネストラに対するエレクトラのあの極めて深い悲嘆は、ジロドゥーの慧眼が逃さなかったように、(4)かつてクリュタイムネストラが彼女を腕からすべり落としたことへと向けられていたのです。

さて、「アクティング・アウト」の問題に移りましょう。

同性愛の娘のケースにおいて、自殺の試みが行為への移行であるとすれば、至高の対象の機能にまで高められたあの怪しげな女性とのアヴァンチュールのすべては「アクティング・アウト」です。ドラの平手打ちが行為への移行であるとすれば、フロイトがその慧眼で直ちに見抜いた彼女のK家における逆説的な行動のすべては「アクティング・アウト」です。

「アクティング・アウト」は本質的に、主体の行動の中で、露わに示されるものです。すべての「アクティング・

アウト」に見られるこの顕示的な点、つまり、〈他者〉へと向かう方向性は、念頭に置いておかなくてはなりません。同性愛の娘のケースの中でフロイトも強調していることですが、その娘の行動は誰の目にも明らかに目立つものでした。この公開事実がスキャンダラスになればなるほど、彼女の行動はより目立つものになります。露わに示されるものは、本質的に、それではない他のものとして示されるのです。それが何か、そのことは誰も知りません。しかしそれが他のものであること、そのことは誰もが疑いません。

しかし、フロイトはそれが何であるかということを、言っています。彼女は父親の子供が欲しかったのだ、と。しかし、もし皆さんがこれに満足してしまったとしたら、それは皆さんがあまり難しくない単純な人だということです。なぜなら、その子供は母的な欲求とは何の関係もないからです。だからこそ、私は少なくとも皆さんに、分析的思考が陥っているずれとは逆に、母と子の関係は、無意識の欲望の解明の主要な流れと比べれば、いささか副次的な位置に置くべきだということを、お示ししておく方がよいと思っているのです。

母親の子供に対する正常な関係の中には、少なくともその経済的な帰結において把握できるように、何か充溢した、丸い、閉じたもの、妊娠期と同じような完全な何か、があります。それは、あまりに完全なので、我々の概念化の中にそれを導入し、$i(a)$とaの間の切断の関係に対して、その影響がどのように現れるのかを知るためには、特別に細心の注意が必要となるほどです。結局、転移の経験を通して見れば、それだけで、我々は分析のどの時点で女性被分析者が妊娠に至り、そのことが何の役に立っていたかということが分かります。つまり、それはいつももっとも深いナルシシズムへの回帰に対して衝立となっているのです。しかし、そのことは脇においておきましょう。

ここで言われている子供、それは彼女が欲しいと思っていたものとは異なるものです。しかし、ありがたいことに、フロイトはこのことを見逃していません。彼女はこの子供をファルスとして欲しいのです。つまり、彼女は、フロイトの中でもっとも展開した仕方で述べられているように、何ものかのErsatz（代替）としてそれが欲しいのです。この何ものか、それは、我々の切断と欠如の弁証法に十全に入ってくる何かです。つまり落下としての(*a*)との弁証法、欠けているものとしての(*a*)との弁証法です。

このことは、欲望の実現において失敗した彼女に、それを別の仕方で、また同時に同じやり方で、つまり「érastès 加愛者」として実現することを可能にしています。彼女は自身を「加愛者 amant」にします。言葉を換えれば、彼女は自身がもっていないもの、つまりファルスの位置に自身を置き、それをもっていることを示すために、それを与えます。これは実際極めて顕示的な方法です。彼女は貴婦人を前にして、仕える騎士のように、男のように、自身がもっているもの、つまり彼のファルスを供することのできる者のように振舞っているとフロイトは言っています。

その本質が他のものとして現れることに、しかし、他のものとして現れながら自身を示していることにある、そういう欲望を単離して取り出すために、示す、あるいは顕示するという言葉と、欲望するという言葉、この二つの言葉を組み合わせてみましょう。「アクティング・アウト」においては、欲望は、自らが真理であると断言するために一つの道に入り込む、つまり、我々がここでの探求を通して、真理は欲望の本性を帯びていないということをすでに知っていたのでなかったら、おそらくは奇妙だと形容するようなやり方でしか、欲望がそこに至ることはない、そういう道へと入り込むのです。欲望は結びつけられて(articulé)いるとしても、口に出して言える(articulable)ものではない、という定式を思い出せば、我々が目の前にしている現象にそんなに驚くことなどありません。私は皆さんに鎖の輪の一つをすでに与えています。欲望は対象へと、つまりあの対象、前回、欲望の原因と呼んだ対象へと結びつけられているのです。

「アクティング・アウト」、それは本質的に見せること(monstration)、顕示(montrage)です。覆われていながら、それそのものは覆われていない顕示です。それは我々に対してのみ、つまり、「アクティング・アウト」の主体としての我々自身に対してのみ、覆われています。それが話すという限りで、場合によってはそれが真実のふりをするという限りで、我々自身に対してのみ覆われているのです。それ以外は、逆に、「アクティング・アウト」は最大限に目にとまりやすく、それだけに、ある領域においては原因を示していながら、見えないものとなっています。示されているることの本質、それはまさに、剰余、失墜、事件の中で落ちているものです。

主体Sと〈他者〉の間、主体の虚構《フィクシオン》の構造の中で〈他者化〉した主体と、正当化されない棒線を引かれた〈他者〉の間に出現してくるもの、それがこの剰余、a、肉の一ポンドです(5)。それはつまり、欲望にあいた穴、メランコリーにおける穴のような穴、それを埋めるために人はいくらでも借金をすることはできますが、そこには、勘定の天秤の上でそのことについて隅々まで精通しているあのユダヤ人がいます。最後に肉の一ポンドを要求するあのユダヤ人です。何を引用しているかお分かりと思います。これが「アクティング・アウト」たるものすべてに見出される特徴です。

エルンスト・クリスの剽窃恐怖症の症例観察について私が『治療の方向性』のテキストに書いたことを思い出してください。クリスは、患者を真実という手段によって追い込もうとするようなやり方に陥っていますから――このやり方についてはいつか名前をつけなくてはならないでしょう――患者に、もっとも反論できないような仕方で、彼が剽窃をしていないことを示します。つまり、彼の本を読んだけれどそれはまったく独自のものであり、むしろ、剽窃をしているのは他者の方だと言うのです。患者はこれに反論はできません。ただ、そのことを気にもかけません。そして、帰りに彼がしたことは何だったでしょう。ご存知のように――それでもここには時には私の書いた本を読む方がいくらかいらっしゃると思います。まあ、ほとんどの方が、時にはという程度でしょうが――彼は生の脳みそを食べに行くのです。

この症例のメカニズムについて繰り返しお話ししようとしているわけではありません。「アクティング・アウト」を識別する方法を皆さんにお教えし、私が小文字のaとか肉の一ポンドによって指し示そうとしているものが何かを、お示ししているのです。

生の脳みそによって患者はエルンスト・クリスに端的にサインを出しています。あなたの言っていることはすべて真実です。ただ、それでは問題には到達していません。生の脳みそが残されています。そのことをあなたにお示しするために、私は帰りにそれを食べに行き、次回のセッションで、そのことをお話ししましょう。

私は繰り返し言います。このような素材について語るときには時間をかけてかけすぎるということはありませんから。私は結局、問いを立て、同時にそれへの答えについても話すことになるでしょう。しかし、皆さんは、私がそのことをそれほど十分に強調していないと言われるかもしれません。皆さんは私にこうおっしゃるでしょう。「この「アクティング・アウト」、知られていない欲望のこの実演のどこが独自なのか。症状だって同じじゃないか。症状だって違うものとして現れるのだから、「アクティング・アウト」は結局、症状なのだ。それが証拠に「アクティング・アウト」もまた、解釈されなければならないものである」。ええ、いいでしょう。でも、細部をはっきりさせましょう。ご存知のように症状は直接に解釈されることはありえません。それが解釈されるためには転移、つまり〈他者〉の導入が必要です。

皆さんまだ十分に把握していないでしょう。皆さんは言います。「はい、分かりました。それが、あなたが「アクティング・アウト」について私たちに言おうとしていることでしょう」。違うのです。本質的には、症状の本性は解釈されなくてはならないということではありません。症状は、皆さんが思っているのとは反対に、「アクティング・アウト」のように、解釈を呼び出すことはありえません。

一方、確かに、「アクティング・アウト」は解釈を呼び出します。このことは言っておかなければなりません。問題なのは、「アクティング・アウト」において解釈が可能かという点です。それが可能であることはやがてお示ししましょう。ただ、それは、実践においても分析理論においても、どちらとも決めかねる問題です。

症状が問題である場合には、解釈が可能であることは明確です。ただし、それに加えて一つの条件があります。転移が成立しているという条件です。症状はその本来の性質から「アクティング・アウト」のようなものではありません。「アクティング・アウト」は解釈を呼び出します。分析が症状の中に発見したものが何か、そのことはあまりにも忘れられています。分析が症状の中に発見したもの、それは、症状は〈他者〉への呼びかけではない、〈他者〉へと示されるものではない、ということです。症状は、その本性からして、享楽なのです。そのことを忘れないようにしましょう。症状は、おそらくは裏うちされた享楽、「untergebliebene Befriedigung おしとどめられた満足」であって、「アクティング・アウト」のように皆さんを必要とするものではありません。症状は自足しているのです。症状は皆さんにお教えした次元、つまり、享楽の性質を帯びた欲望の次元に属しているのです。つまり、善の障壁を越えて〈もの Chose〉の方へと向かいます――これについては私の『倫理』のセミネールをご参照ください――つまり、快原理に従っています。それだからこそ、この享楽は「Unlust」と表現されうるのです。まだすっきりと分かっていない方々のために言っておきますが、このドイツ語は「不快 déplaisir」という意味です。

これらすべてはいずれも、私が考え出したことではありません。これを言っているのも私ではありません。これらは、フロイトによって、彼独自の言葉で言われていることです。

「アクティング・アウト」に戻りましょう。

症状と異なり、「アクティング・アウト」は転移の糸口です。それは野生の転移です。これには皆さん疑いをもつかもしれませんが、そこでは、転移が出現するのに分析などいりません。しかし、分析のない転移、それこそ「アクティング・アウト」です。そして、分析のない「アクティング・アウト」、それは転移です。ここから帰結するのが、転移の組織化に関する問いの一つです。私は組織化という言葉で「Handlung」、つまり扱いのことを言おうとしています。野生の転移をいかにして家畜化するか、いかにして野生の象を囲いの中に入れ、馬を円状に走らせ、調教するかということです。

これは転移について問いを立てる一つの方法です。これを入り口に、問いを立てるのは極めて有用でしょう。なぜなら、これが「アクティング・アウト」に対しどう対処するべきかを知る唯一の方法だからです。

次には「アクティング・アウト」の問題に興味をおもちになるはずの人々のために、『Psychoanalytic Quarterly 季刊精神分析』の中にフィリス・グリーネーカーの『General Problems of Acting-out アクティング・アウトの一般的諸問題』という論文があることをお伝えしておきましょう。一九五〇年の第一九巻第四号ですから、見つけることが難しいものではありません。様々な意味で興味深い論文です。この論文は私にとって一つの思い出を呼び覚ますものでもあります。

もう一〇年も昔のことです。当時、私はすでに何人かの調査官の訪問を受けていました。フィリス・グリーネーカーもその調査官の一人だったのですが、彼女は私に見事な「アクティング・アウト」を観察する機会を与えてくれました。激しいマスターベーションです。もっとも、それは、私の目の前で、私が所有していた小さな海女の人形、日本の「根付 netsuké」にマスターベーションをするに及んだということですが。この「根付」にはいまだに跡が残っています。この根付のことを言っているのです。これも言っておくべきでしょうが、彼女の訪問は私にとってとても楽しい会話の機会でもありました。ラムプル・ドゥ・グルート夫人との会話よりずっと楽しいものでした。グルート夫人との会話の場合は、いくつかの行為への移行によって中断《スキャンデ》されました。その行為への移行の中には私の部屋の天井、まあ低いものではありますが、その天井にまでとどきそうな跳躍がいくつか含まれていました。

さて件の『アクティング・アウトの一般的諸問題』の中には極めて鋭い指摘がいくつかあります。お読みになればお分かりになると思いますが、それらの指摘は、私がいまここで皆さんにお示ししようとしている本来の輪郭線によって照らし出されてこそ価値が出てくるものです。それは、「アクティング・アウト」に対しどのように対処するかという点です。彼女は三つのやり方があると言っています。すなわち、それを解釈すること、それを禁止すること、自我を強化すること、この三つです。

「アクティング・アウト」を解釈すること、この点について彼女は大きな幻想を抱いているわけではありません。フィリス・グリーネーカー、彼女は、とても、とても素晴らしい女性です。「アクティング・アウト」を解釈すること、それは、先ほど私が皆さんにお話ししたことからすると、ほとんど効果を約束されていません。たとえ、「アクティング・アウト」が、分析されるためにこそなされているとしても、そうです。事態を詳細にご覧になれば、たいていの場合、皆さんは、患者が「アクティング・アウト」の中で自身がしていることは、皆さんの解釈に身を委ねるためだということを知っているということが、お分かりになるでしょう。ただ、こう言わねばなりません。ここで重要なのは、皆さんが解釈した意味が何であれその意味ではなく、むしろ剰余であるということです。ここでは、少なくともつけ加えられるものがなければ、行き止まりになってしまいます。

これらの仮説をはっきりさせることに時間をかけるのは極めて興味深いことです。

「アクティング・アウト」を禁止すること、そう聞くだけで、自然に笑いを誘います。著者自身さえ笑って、こう言っています。「禁止するためにあれこれと様々なことができる。しかし、「アクティング・アウト」はダメと言ったとしても、これには無理がある」と。ちなみに誰も「アクティング・アウト」はダメ、と言おうなどと考えたりはしません。しかし、それでもこれに関連して、分析にはつねにお決まりの禁止事項が伴っていることが知られています。分析では皆さんが思っている以上に多くのことが禁止されています。実際、セッションの間に「アクティング・アウト」が起きないように、多くのことがなされています。そして、患者に、分析の間は人生にとって重要な決定はしないようにと伝えたりするのです。確かに、影響力を及ぼしているところでは、患者にとってであれ、分析家にとってであれ、危険と呼びうるものとの何らかの関わりがあるということは、一つの事実です。

こうしたことすべては、なぜなされるのでしょうか。

私の主題について明確にするために言うのですが、それは、本質的に我々が医者であるからであり、また我々が善良であるからです。誰だったか忘れてしまいましたが、誰かが言っているように、我々を信じ、頼ってくる患者さんが痛い思いをすることを望んだりはしないというわけです。しかし、困ったことにしばしばそういうことが起こるのです。「アクティング・アウト」について語るということ、それは、我々が、何が何でもそれを阻止しようとしていることの印となっています。グリーネーカー夫人が、真の転移がより堅固に確立されるのを待たなければいけないと言うとき、彼女が言わんとしているのはこのことでしょうか。

分析のあまり知られていない一面について、ここで指摘しておきたいと思います。それは、事故保険、疾病保険という側面です。不思議なことですが――少なくとも、分析家が経験と呼ばれるものに手を染めて以来、彼自身の姿勢の中でしばしば彼自身が無視していることに手を染めて以来――分析の間短期間の病気というものがいかにまれにしか起こらなくなっているか、また、少し長引いた分析においては、いかに風邪や流感が消えてしまうか。これは奇妙なことです。さらには、長期に続く疾病なども、もし仮に社会に分析がもっと普及していたならば、事はずっとましだったのかもしれません。社会保険も生命保険も、人口中の分析を受けている人の比率を考慮に入れて料金を見直すべきだと思います。

逆に、事故が起こると「アクティング・アウト」の場合だけでなく、なんでも決まって患者本人からもその周囲からも分析のせいにされます。これはいわば本性上、分析の責なのです。人々は間違っていません。これは「アクティング・アウト」であり、「アクティング・アウト」は〈他者〉へと向けられているのですから、分析の最中ならば、それは分析家へと向けられていることになります。分析家には気の毒ですが、分析家がこの位置をとっているのですから、仕方ありません。彼は、自身が占めることを受け入れたその位置に本来属している責任を負っているのです。

これらの問いが立てられたのは、おそらく、私が分析家の欲望ということを言うとき、また私がそれについて問いを立てるときに、何を言わんとしているかを明確にするためです。

しかし、我々が転移を飼い馴らす方法に関する問いを、自我を強化する――これが三つ目の仮説ですが――という方向へと向かわせるものについて、立ち止まって考えようとは思いません。私が、それは単純ではないと言ったのを、皆さんはお聞きになったことがあるでしょう。私がずっと反対してきた事柄について、時間をかけてお話ししようとも思いません。なぜなら、もう一〇年よりはるか前からこの道に入っている人々、もっと正確に言えば、すでに何十年もというほど前からこの道に入っているので、もうこんなことは言われなくなったのですが、それらの人々の意見によれば、それは、患者を同一化へと導くということだからです。このことはある文献全体を通して述べられています。

それは、〈他者〉における理想自我の反映としての像への同一化ではなく、分析家の自我への同一化のことです。これにはバリントが言及しているような帰結もありえます。つまり、彼がこうした典型的な分析の終わりに出現する危機的状態として描写している真に偏執的な状態のことです。

この危機的状態は正確には何を表しているのでしょう。それは、絶対に触れられないままに置かれた小文字のaの蜂起です。

4

フロイトに戻りましょう。そして、様々な見事な指摘が見出される同性愛の娘の観察記録に戻りましょう。

フロイトは、転移と呼ばれる何かが生じていることを示すものは何もないと言いながら、その一方で同時に、そこに転移がないという仮説に一瞬でもとどまることなど問題にすらならないと言っています。ここにフロイトの位置からは見えないもの、何らかの盲点が現れています。転移関係がどうなっているかという点に関してまったく見えていないからです。我々はフロイト自身がこのケースについて語っていることの内に、これが明白に現れているのを見出すことができます。

この患者は、夢でフロイトに嘘をつきます。事態は、そのままこのように書かれています。これが、フロイトがこの症例の特徴としていることです。同性愛の娘に関するこのディスクールの貴重な「アガルマ」、それは、このことを前に、フロイトが驚愕して立ち止まっていることです。彼もまた、問いを立て、それに答えています。何なのだ、無意識も嘘をつきうるのだ、と。

実際、この患者の夢は、彼女が運命づけられている性へと向けて、日に日に大きな進歩を示していました。しかしフロイトは一時もそのことを信じていません。理由はこうです。これらの夢を語っている当の患者は同時に次のようにも語っていたからです。そう、もちろん、これで私も結婚できるわ。でもそれで私は女性たちともっと関わりをもてることにもなるのだわ、と。

つまり、彼女自身が自分は嘘をついていると言っているのです。ところで、フロイトはこれを疑っていません。だからこそ、転移関係のまったくの欠如という様相を呈することになっているのです。フロイトは次の点にこだわっています。すなわち、しかし、そうすると、我々がもっとも深いものと考え、真の真理と考えるのを常としている無意識が我々を欺きうるということになる、と。そして彼の議論はすべて、この「Zutrauen 信」、つまり、無意識に対して抱くべき「信」をめぐって展開しています。無意識に対して信を抱き続けることができるか、フロイトはそう言っているのです。

フロイトはこれを極めて特徴的な一文の中で言っています。この文は極めて省略的で凝縮されていて、ほとんどローマ講演でお話ししたパロールの躓きという特徴を帯びるほどになっています。今度この一文を読んでお聞かせしましょう。今日はもっていませんので、次回もってきます。この文章はとても美しいものです。無意識をめぐってのひっかかりのことです。フロイトは言います。無意識はつねに「信」に値する。しかし夢のディスクールは無意識とは別のものである。夢のディスクールは、無意識に由来するが、欲望によって作られている、と。しかし、フロイトはそう定式化するに至ることによって、同時に、これらの嘘によって表現されているのは欲望であるということを認めてもいるのです。

彼女自身がこう言っています。自分の夢はどれも嘘つきです、と。フロイトはすべての症候的な嘘という問題の前で立ち止まります――子供の嘘がどんなものか思い出してください――フロイトは、嘘をつくことで主体が何を言わんとしているかという問題の前で立ち止まるのです。しかし、奇妙なことに、フロイトは、歯車全部の軋みを前にして、「棄てる laisser tomber」のです。つまりフロイトは歯車を軋ませているもの、つまりクズ、小さな滓、すべてを止めてしまうものには関心をもっていないのです。しかし、それこそまさに、ここで問題となっているものです。フロイトは、何に困惑させられているのかを見ることなく、その観察記録の中にはっきりと示されているように、無意識の忠実さに対する脅威を前に心を動かされています。そして、その時、彼自身が行為へと移行する(passe à l'acte)のです。

まさにここで、フロイトは、彼の情熱であるところの真理の中に、彼の始原としての虚構《フィクシオン》の構造があるのを見ることを拒んでいるのです。

このところ私が幻想という言い方をすることによって皆さんの前で強調してきたことについて、フロイトが十分に考察していないということが、まさにここで分かります。私が強調してきたこととは、つまり、エピメニデスのパラドクスです。「私は嘘をついている」と宣言することによって、欲望が主体を論理的消去へと引き渡すとき、嘘をついているのはまさに欲望であるという限りで、「私は嘘をついている」という言い方は完全に受容可能となります。かの哲学者が「私は嘘をついている」の矛盾を見つめる時に注意を向けているのは、まさに、この論理的消去です。

しかし、結局、そこでフロイトが逸しているもの、我々はそれが何かを知っています。それはフロイトの言説に欠けているものであり、彼にとってはつねに問いの状態にとどまっていたものです。つまり、女は何を欲しているかという問いです。フロイトの思考はある何ものかにおいて躓いているのですが、我々はその何かを暫定的に女性性と呼んでおくことができるでしょう。

私が、女性性は姿をくらます、そこには何か姿をくらます側面があると言うとき、何も女そのものが嘘つきであると言っているわけではありません。この何か、それは「易経 Yi-king」の言葉を使うなら「流れる甘さ douceur fluente」です。この何かを前にフロイトは危うく窒息して命を落とすところでした。それは、婚約の言葉を交わしたそのすぐ後で、フィアンセが彼に言わずに従兄だったか、誰かと夜の散歩をしたことを知った時のことです。従兄か誰かと言いましたが、よく覚えていませんし、伝記を調べていないからですが、それは他の誰であっても同じで、いわゆる将来を嘱望される生意気な若者の一人です。ということはまあ、将来などないということですが。

ここに盲点があります。フロイトは彼女が、つまりその女性がすべてを言うことを望みます。そして彼女はそうします。談話療法、煙突掃除です。やれやれ、しっかり煙突の煤は掃除できた、というわけです。

しばらくの間、煙突の中でうんざりすることもありませんでした。重要なのは煙突の中で一緒にいることです。ただ、そこから出たとき、一つの問いが立てられます。その問いについてはご存知ですね。私の論文の一つの終章にタルムードから借りたこの問いが取り上げられています。煙突から一緒に出てきたとき、顔を洗うのは二人のうちどちらなのでしょう。

グリーネーカーの論文を再読することをお勧めします。その論文だけでなく、〈フロイト的もの〉についての私の論文も読んでください。そこでは、いわば少し強調点をこめてこの問題が扱われています。その論文で、私がこの〈もの〉の逃走、追跡を示すものとして取り上げているのは、ディアナです。〈フロイト的もの〉、それはフロイトが「棄てる laisser tomber」ものです。しかし〈フロイト的もの〉はフロイトの死後も続き、我々という姿になって、あらゆる探求を行わせているのです。

この探求を次回も続けることにしましょう。

一九六三年一月二三日

訳註

(1) フランスでの割り算については、第二章の註(4)を参照。
(2) 共通の(commune)という言葉は、前出のコミュニケーション(communication)という語にかけて用いられている。
(3) 英語の odd は「奇妙な」という意味と「奇数の(非対称の)」という両方の意味をもっている。
(4) Jean Giraudoux(1882-1944)の作品「エレクトル」(一九三七年)で言及されている。
(5) シェークスピア『ベニスの商人』のシャイロックの台詞参照。

X　還元不能の欠如からシニフィアンへ

不安は対象のない恐怖である、と我々は以前から教えられてきました。

ここではそれは繰り言《シャンソン》だと言っていいでしょう。ここ、つまりひと味違うディスクールが表明されているところでは……。繰り言《シャンソン》はいかに科学的な形をとっていようと、自らを安心させる子供の歌と変わるところがありません。なぜなら、私は、私が皆さんに表明している真理を、不安は対象なしではない、と定式化しているからです。

だからといって、この対象が他の対象と同じ道で接近可能であるというわけではありません。科学的ディスクールのまったく別の部分と同形あるいは類似のディスクールによってこの対象を象徴化しうる、とか、そうしたディスクールは我々をこの対象とともに象徴との関係へと据えることになると言ってしまうことは、不安を片づけるもう一つの別のやり方だということを、すでに私は強調してきたと思います。象徴との関係についてはのちほどまた戻ろうと思います。不安は対象なしではないというこの関係を不安が保っているのには、条件があります。つまり、いかなる対象が問題かということを言うわけではなく、またそれを言うことができるわけでもない、ということが運命づけられているということです。

言い換えれば、不安は我々を、最大の伝達可能性という強調点とともに、我々の領域にとっては根元的な一つの機能、つまり欠如の機能へと導き入れるのです。

1

欠如《マンク》との関係はすべての論理の構成にとって極めて本質的なものなので、論理の歴史とは、論理が欠如を隠蔽することに成功してきたことの歴史だと言ってもいいほどです。このことによって、論理の歴史は大規模な失策行為《アクト・マンケ》に類するものになっています。もちろんこれは、失策行為という言葉に積極的な意味をもたせた上で言えることですが。だからこそ私は、ご覧のように、いつも何がしかの道を通って論理のパラドクスの話へと戻るのです。論理のパラドクスは、我々のある種のスタイルが我々へと課せられる際に通る入口、それが調整される際に通る道を皆さんに暗示するはずのものです。そしてまたこのパラドクスは、我々をして、その失策行為をうまくやることができる、つまり欠如し損なわないように(ne pas manquer au manque)しているものです。

そして、それだからこそ、私は、一つの寓話から今日の話を始めようとしているのです。

これは寓話でしかありません。皆さんは、いかなる類推を根拠にしても、決してそこにこの欠如の状況を支える術を見出すことはできません。しかし、この寓話はあの次元を再び開いてくれるという点で有用なものです。あの次元、それについてのすべての言説、すべての分析文献の言説が、ここで七日ごとに、私が皆さんを再びとらえる話の回と回の間に、皆さんをして必ず轍を再び見出させます。その次元とは、我々の〔分析〕経験の中に何ものかが閉じられることができる、という次元、そして我々の経験が欠如を指し示そうとする裂け目のすべては、この言説が埋め合わせることができるような何かである、という次元です。

さて、ちょっとした寓話です。私はこれを最初に思いつきました。他の寓話もありえたでしょうが、ここでは速く進むことを重視します。

昔お話ししたことがありますが、現実的なものの中には欠如はありません。欠如は象徴的なものの媒介によってしか把握することはできません。図書館ではこういう言い方があります。「ここ、あるべき箇所にこれこれの巻が欠けている」。その箇所は、現実的なものに前もって象徴的なものを導入しておくことによって指し示される箇所です。ですから、私がいま話している欠如は象徴によって容易に埋め合わせることができます。象徴は箇所を示し、不在を示し、そこに在らざるものを現前させます。

この冊子を見てください。今週手に入れた一冊ですが、これが私にこの寓話のヒントを与えてくれました。最初のページにこう注記されています。「これこれからこれこれまで、四点の版画が欠如している」。では、だからといって、ここで二重否定の機能が働くなどということがあるのでしょうか。つまり、この一冊があるべき箇所に欠けることになれば、四つの版画の欠如が解消される、つまり版画がその巻に戻ってくるのでしょうか。そんなことがありえないことは一目瞭然です。

この寓話は少々ばかばかしいものに思われましょう。しかし、この論理を、オイラーのシェーマが欠如の包含について示している直感的ないくつかの項に置き換えるならば、まったく論理学上の問題になります。属の中で科はどういう位置にあるでしょうか。種の中で個はどういう位置にあるでしょうか。平面に描かれた円において穴とは何なのでしょうか。

去年、あれほどにトポロジーをやっていただいたのは、まさに、穴の機能は決して一義的なものではないということをお示しするためでした。

思考の道程の中に、我々が様々な比喩的な名で呼んでいるものが、つねに入り込んできます。計画化《プラニフィカシオン》（1）、つまり端的に計画《プラン》（平面）を含意する名で呼ばれるものです。しかし、これは、表面《スュルファース》を自然に直感するための支えを本質的に構成している平面《プラン》から派生した言葉です。ところで、この表面における関係は、トーラス、あるいは環を導入してお示ししたように、複雑です。この表面は見たところ極めて簡単に想像できるもののようです。しかし、これを参照しようとして、あれこれ考え、この表面がどうなっているかを存分に考察されたとすれば、穴の機能が奇妙なほど多様であることが確認できたことと思います。

穴の機能をどう理解するべきか、ここで、もう一度お示ししましょう（図18）。

いかにして〔円の〕穴が満たされ、補填されるのかを考えることが重要です。この過程は円をだんだん小さくしていくことで表現することが可能です。面に書かれた円はどんな円でも、一つの点に過ぎなくなるまで、消え去る極限まで小さくすることができます。しかしトーラスの表面上の場合はそうはいきません。もちろんトーラス表面上にもそうした消し去ることのできる円を描くことはできます。しかし、ちょっと違った仕方で描けば、ゼロまでもっていけない円になります。穴の補完物を含まない構造がいくつかあるのです。

図を描くのは、他に私の言いたいことを表現しようがないからです。

昨年お示しした「クロス・キャップ」の要点は次の点にあります。「クロス・キャップ」は、その表面上に、先ほどお話しした円の二つのタイプを分けることができないものです。点状のものに還元できる円を「クロス・キャップ」の表面上に描くことはできません。この表面をどう切断してもそうはなりません（図19）。

トーラス上に描いた二種類の〔消去不能な〕円の切断と同じような仕方で切断を描いてみようとしても、あるいは昨年皆さんに注意を促した特権的な点γを通って切断を描いてみようとしても、「クロス・キャップ」には、最小限の表面へと見かけ上還元されうるものがつねにあるでしょう。その際、どんな切り方をしても結局、〔二重の円が〕同じ中心へと還元されるのではない何か、つまり、どうしても還元できない形、これとこれとが同じ〔ひと続き〕であって、つまり内巻きの8と呼ばれる形で象徴化される何かが残ります。この内巻きの8は同一中心に向かう点化と区別しないわけにはいかないのです。

それだからこそ、「クロス・キャップ」は欠如の還元不能な一類型の可能性に取り組む、もう一つの方法となりうるのです。

欠如は主体性の構成にとって根元的なものです。ここで言っているのは、分析経験の道を通って我々の前に現れる主体性のことです。このことを次のような定式で言い表したいと思います。あることが知られ、何かが知へとやってくるやいなや、そこに失われた何かがある。この失われた何かについて考えるもっとも確実な方法、それは、それを身体の断片として構想することである。

以上は、分析経験が我々に与える真理ですが、そこに、内部の見えない概略の形で、その還元できない性質が示されています。この真理は、分析経験が、それ以来、我々の状況について構想可能な形すべてに関するあらゆる省察の中にもち込んだ真理です。

この点は、支えきれないものをあまりにたくさん含んでいるために、我々は絶えずそれを迂回す

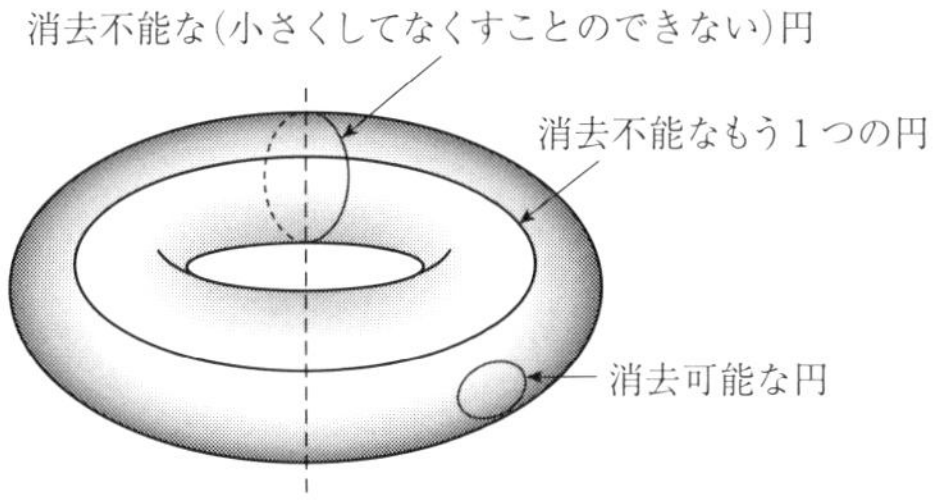

図18 トーラス上の2種類の円

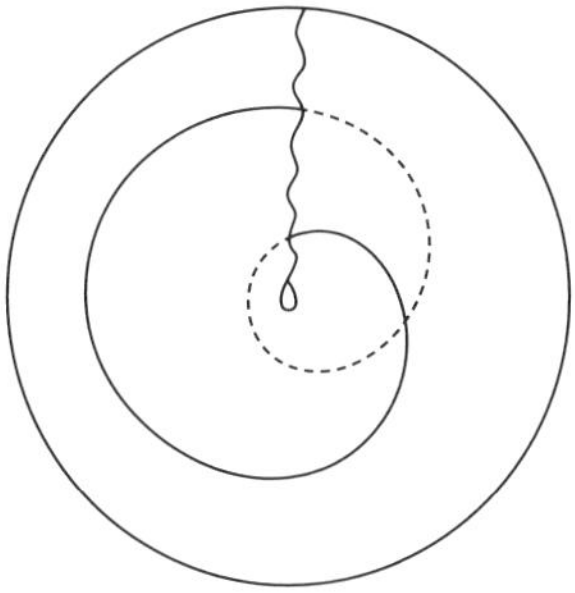

図19 「クロス・キャップ」の最小限の表面

ることになります。このことこそ、言っておかなくてはなりません。事実はおそらく二つの面をもっています。つまり、これを迂回しようとする努力そのものにおいて、我々はその輪郭を描くことしかしていませんし、それに近づけば近づくほど、我々はいつも、それを忘れるよう導かれるのです。この欠如が表す構造との関連でそうなるのです。そこから結果としてもう一つの真理が現れます。我々の経験の苦しみのすべては次のことに由来しているということです。〈他者〉への関係——そこに、象徴化のあらゆる可能性、言説の場のあらゆる可能性が位置づけられているのですが——は構造の欠陥へとつながっているということです。

　次に進めるべき一歩として、次のように構想しましょう。すなわち、ここで我々が触れているのは、〈他者〉との関係を可能にする当のもの、つまり、シニフィアンがあるということ自体がそこから生ずる、そういうものだということです。

　シニフィアンがあるということ自体が生ずる点、それは、ある意味で指示《シニフィエ》されることができない点です。そして、それこそ、私がシニフィアンの欠如の点と呼んでいる点なのです。

2

　決して私のことをよく理解していないわけではないある人が、最近、次のように私に尋ねたことがありました。「それは単に、すべてのシニフィアンのいわば想像的基体であるもの、語の形、あるいは漢字の形などを参照するということではないのでしょうか」、つまり「シニフィアンも、他のすべてのものと同じように直感的媒体をもっていなくてはならないという事実、この事実の中にある還元不能なものを参照するということではないのでしょうか」と。

ええ、まったく違うのです。

もちろん、これはまさに自ずと浮かぶ考えで、誘惑的な捉え方です。しかし、欠如に関して問題になるのはそういうことではありません。皆さんにこの点を感じていただくために、私は昔お示ししたことのある定義を取り上げようと思います。これは役に立ちます。

象徴的な次元にないものは何ものも欠如することはないと申し上げました。しかし、剝奪、それは、現実的な次元の何かです。

例えば、ここでいま我々がそれについて話しているもの、それは現実的な何かです。単に我々の分析経験の理論だけでなく、実践においても我々がつねに忘れている決定的な点について、私が皆さんに表象化してお見せしようとするとき、私の言説が経巡《へめぐ》るのは、この剝奪の周りです。剝奪は実践においても理論においても現れます。剝奪は現実的なものであり、現実的なものとして還元可能なものです。しかし、この剝奪を取り上げるのに、これを科学的に輪郭づけるだけで十分なのでしょうか。もちろん、それができたとしてのことですが。

それは大いに考えられることです。それがどんな事態かを見るためには、分析の文献に当たってみるだけで十分でしょう。直ちに見本を一つお見せしましょう。

『国際精神分析学雑誌』の中で、たまたま手にとった巻を取り上げてみました。ほとんどどの巻でも、ここで問うている諸問題が扱われているのが見つかります。不安現象《アンクシエテ》について語られていますし、「アクティング・アウト」について、そしてRについて、語られています。文字を使うのは何も私だけではありません。Rとは、「The Total Response」、つまり分析状況における分析家の全体的反応のことです。このタイトルの論文の著者は、我々がすでに参照したことのある人です。セミネールの二年目に、マーガレット・リトルというこの著者についてお話ししたことがありますから。彼女のこの論文では、剝奪をどこに位置づけるべきかという問題こそが、まさに中心にあるのがお分かりになると思います。というのも、著者が、彼女の患者の内のあるタイプの人が彼女に提示した問題をより詳細につかもうとすればするほど、剝奪が、明らかにすり抜けているからです。

欠如を取り除くことができるのは、剝奪の還元ではなく、その象徴化でも、その分節化でもありません。これこそ、まず我々がきちんと念頭に置いておくべき事柄です。たとえそれが、去勢と呼ばれる欠如が分析経験の中で現れる様式が何を指示しているか、そのことを理解するためだけだとしても、このことは念頭に置いておかなくてはなりません。剝奪は現実的な何かであり、一方、欠如は象徴的なものです。女がペニスをもっていないということは明らかです。しかし、もし皆さんがペニスを、もつべき、あるいはもたざるべき本質的な要素として象徴化していなければ、女はこの剝奪について何も知ることはないでしょう。

以前、皆さんに申し上げたように、去勢、それは象徴的なものです。つまり去勢は何らかの欠如の現象と関わっています。〈他者〉との関係が構成されるのに何も分析を待つことはありませんが、〈他者〉との関係が分析においては基本的であるという限りで、去勢は分析の途上で現れます。この象徴化の水準では、つまり主体が分析的ディスクールにおいて構成されるべきものであるという限りでの〈他者〉との関係においては、欠如の出現の可能な形の一つは（$-\phi$）、つまり去勢の想像的な支えです。しかし、これは始原的欠如の可能な翻訳の一つ、我々が関わっている主体の世界内存在に記載された構造の欠陥の可能な翻訳の一つに過ぎません。こうした条件において、分析経験はなぜこの点までにしか導かれないのか、なぜそれを越えた向こうへは行けないのかと問うてみたくなるのは当然ではないでしょうか。フロイトが我々に最終項としてもたらした項、つまり男性の去勢コンプレックスと女性の「ペニス羨望」という項は、もう一度問い直してみるべきです。これが最終的な終結であることは何も必然的ではないのです。

だからこそ、その始原的構造に欠如の機能を見ることが、我々の分析経験の不可欠な接近路となるのです。そしてこの欠如の機能を逸しないようにするために、そこに何度も戻ることが必要なのです。ですから、もう一つ寓話をお話ししましょう。

メビウスの輪の表面を歩き回る昆虫は、もしこの昆虫が表面とは何かということについて何らかの表象をもっているとすれば、絶えず、自身がまだ踏査したことのない面、つまり歩いている面のいつも裏側にある面が存在すると信じているはずです。この昆虫は、皆さんご存知のようにそんなものはないのに、裏側の存在を信じることができるのです。昆虫はそうとは知らないままに、そこにある唯一の面を踏査しているのですが、しかし、どの瞬間にも裏側があります。

この昆虫が、自身がすでに裏側に渡ったことを気づかずにいるのは、彼にあるものが欠けているからです。そのあるものとは、以前、皆さんが手にとってみることができるように、私が物質化し構成してお示しした小さな断片、「クロス・キャップ」をある方法で切断する時に描かれる小さな断片です。この欠如する小さな断片、これは一種の短絡ですが、この部分は昆虫を最短路で一瞬前に自身がいた点の裏側へと移動させます。

この欠如する小さな断片、この場合aですが、これを我々はこうして範例的な仕方で記述することができるのですから、これで事態は解決したということなのでしょうか。まったくそんなことはありません。むしろ、この小さな断片が欠けているということこそが、この昆虫が歩き回る世界の現実のすべてを作っているからです。小さな内巻きの8がまさしく還元(消去)できないものをなしているのです。言い換えれば、それこそが象徴が埋め合わせしない欠如です。それは、象徴によって防御することのできる不在ではないのです。

それはまた取り消し《アニュラシオン》でもなければ、否定《デネガシオン》でもありません。取り消しと否定は、象徴が現実界の中への導入を可能にしたもの、つまり不在の、構成された二つの形です。取り消すこと、否定すること、それはシニフィアンの中で我々を起源から、そして本源的構造の欠陥から引き離しているものを破棄《デフェール》しようとすること、つまりシニフィアンの中で、それがもつ記号の機能を取り戻そうとすることです。これこそまさに強迫神経症者が、そうしようとして身を砕き、消耗するものです。取り消しと否定は、ですから、この欠如の点を狙っているのですが、しかしそれを取り戻すことはできません。なぜなら、フロイトも説明しているように、取り消しも否定も、シニフィアンの機能をシニフィアンの機能自身に貼り付けることによって、シニフィアンの機能を二重化しているに過ぎないからです。私がそこにはないと言えば言うほど、それは、そこにあるのです。

血痕、それは、マクベス夫人を消耗させているものであれ、またロートレアモンが「知性の《アンテレクチュエル》」(2)という言葉で示したものであれ、消すことはできません。シニフィアンの本性とはまさに痕跡を消そうと努めることであるからです。人が痕跡を消そうとし、結局それを再び見出すということを繰り返せば繰り返すほど、痕跡はシニフィアンとして存続します。そのことから次のことが帰結します。欲望の原因としてのaの現れ方との関係において、我々はつねに両義的な問題と直面しているということです。

実際、つねに更新すべき我々のシェーマにこれを書き込むとすれば、aが〈他者〉との関係において現れることができるような様式は二つあります。もし、我々がこれらの様式を結びつけることができるとすれば、それはまさに、不安の機能においてです。つまり、その不安がどこで生み出されようと、不安はそれらの様式の信号であるという意味での不安の機能においてです。少なくとも、分析の文献の中で語られていることを解釈する方法は、これ以外にはないという限りにおいて……(図20)。

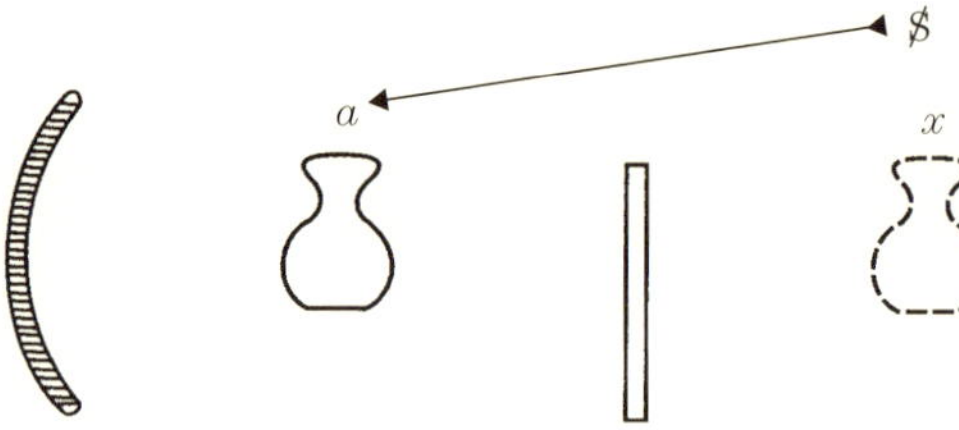

図 20

不安に関して、分析のディスクールは分割され、二つの面を見せます。この二つを並べてみると、いかに異様か、よく見てください。

一方において、不安は普通、現実界に準拠するとされます。そして、不安は最大の、そしてもっとも根元的な防衛であるとか、もっとも始原的な危険への、乗り越えがたい「Hilflosigkeit 寄る辺なさ」への、この世の入り口の絶対的な苦境への反応なのだ、と言われます。他方において、不安は、これに続いてもっとはるかに軽い危険の信号として自我に引き継がれるとも主張されます。この危険について、分析のディスクールは、「Ich 自我」と「Es エス」それぞれの脅威と呼んでいるものを取り上げて、しばしば誇張する傾向にあります。ジョーンズはこの点に関して、我々フランス人の同僚にはないある種の才覚と節度を発揮しています。彼はどこかで単純に「buried desire」、つまり埋められた欲望というものについて語り、この埋められた欲望の回帰は、結局それほど危険なものなのだろうかと問うています。つまり、我々が不安を説明するのにもっとも絶対的な生命的危険までもち出さなければならないとすれば、そもそも埋められた欲望の回帰は、そうした不安のような、大きな信号を動員しなければならないほどに重要なことなのか、というのです。

この逆説はもっと先でも再び見出されます。不安をあらゆる防衛の最終的な本体とした後でも、不安に対する防衛について語らない分析のディスクールはないからです。こうして、我々は、我々に危険を知らせる、これほど便利な道具に対して、自身を守らなくてはならないことになります。そして、不安に対するこの防衛によって、精神病理学の領野におけるあらゆる種類の反応、構築物、形成物のことが説明されるのです。ここには、ある逆説があるのではないでしょうか。そしてそれは事態をこうした仕方とは違う仕方で定式化することを求めているのではないでしょうか。つまり、防衛は不安に対してではなく、不安がその信号となっているものに対してなされているのだ、と。

実際、問題となっているのは、不安に対する防衛ではありません。何らかの欠如です。ただ、この欠如に関して、それとして定義可能な相異なるいくつかの構造があるということを、我々はよく知っています。単純な〔一つの〕縁の欠如、ナルシシックな像との関係における欠如は、二重化された縁の欠如と同じものではありません。二重化された縁は「クロス・キャップ」上で推し進められた切断に引き比べることのできるものです。それは、我々は、転移の操作のある水準で a を扱わなくてはならないという意味での a と関わる事柄です。

ここに、操作の欠如は欠如の操作ではないということが他のどこよりも見事に現れていると、私には思われます。分析において我々が受けもっている人との間で、我々が〈他者〉としてもっている関係について、言説が十分に推し進められる度に、我々とこのaとの関係はどうあるべきかという問いが立てられることになります。この点を位置づけなくてはなりません。つねに皆さんはこの点に出会います。ここでもまた、分析的ディスクールの二つの表面の間の裂け目がはっきりと現れています。

一方においては、分析経験は深遠で永続する問いかけとして語られます。そして、この深遠で永続する問いかけは、つねに、主体が我々に顕示しているもの——それがどんな性質のものであろうと——に対し、別の何かへと主体を回付します。私の女性患者の一人が少し前に私に言ったように、「それはただ単に転移だということを、私が確信していればよかったのに」というわけです。この「それは転移でしかない ce n'est que du transfert」における「ne que」の機能は、「そうしさえすればよい il n'a qu'à faire ainsi」の場合とは、その機能において反対です。この形の動詞も活用しますが、皆さんが思っているような形ではない形で活用します。つまり、「il n'a qu'avait」(3)という形で。これは、自然な発話の中でしばしば見られる形です。

もう一方の面で、我々に説明されるのは英雄的な分析家の負荷、重荷です。それは、このaを内在化し、良い対象あるいは悪い対象として、結局は内的対象として、自身に引き受けなければならないということです。そして、そこから、分析家が主体に対し、それを通して世界への接近を回復させるすべての創造性が生まれてくるというわけです。

二つは両方とも真実です。もちろんその二つが結びつけられることはありません。しかし、この二つが結びつけられないとしても、二つは混同されます。そして二つが混同されることによって、転移関係の操作、つまりaをめぐる関係の操作に関して、何一つ明瞭なことが言われないことになるのです。

しかし、これは、aに対する主体の位置と主体の欲望の構成そのものを臨床において区別しているものに関して私が指摘した点が、十分に説明していることです。

要約して言うなら、倒錯者あるいは精神病者の場合には、幻想($\$ \diamond a$)の関係は、$a$が$i(a)$の側で自身の位置にあるように設立されていることになります。その場合、転移の関係を操作するためには、我々は実際、問題のaを、我々自身に、異物という仕方で、我々自身が被る体内化という仕方で取り込まなければなりません。我々に向かって語る主体にとって、自身の欠如の原因であるという限りでの対象は、絶対的に異《い》なるものであるからです。

神経症においては、$i'(a)$というイマージュの側の主体の幻想から、何かが現れるという点で、これとは位置が異なります。xにおいて、一つのaであると同時に、ただそう見えるだけのものでもある何かが、現れます。なぜならaは鏡像化できないものであり、いわば、ここで誰においても現れる術を知らないからです。これは単なる代理物です。だからこそ、転移の古典的分析において、あらゆる真正さが深く問われることになったのです。

だからといって、そこに転移の原因があるということではありません。我々はつねにこの小文字のaと関わっています。このaは舞台の上にはいませんが、しかし、つねに舞台へと上がろうとし、舞台の上にとどまり続けている者に自身の言説を導き入れようと、それだけを要求し続けています。「悲劇は終わりだ Trêve de tragédie」と言ったり、「喜劇は終わりだ Trêve de comédie」――この方がまだましでしょう――と言ったりすることで、たとえそこに無秩序、混乱を投げ入れることになろうと、aは、ただ、それだけを要求し続けるのです。

なぜアイアス[4]は、いわば「脾臓をだし汁に入れる[5](意味もなく気をもむ)」のでしょうか。結局は、羊をみな殺しにすることにしかならなかったのに。しかし、これはギリシャ人をみな殺しにするよりはましだったのでしょう。ギリシャ人をみな殺しにしなかったからこそ、彼はそれほど名誉を失わずにすんだわけですし、〔羊をみな殺しにするという〕この滑稽な所業におよんでも、誰もが、それはミネルヴァがアイアスに呪いをかけたからだということを知っているからです。要するにそこに何も劇的なことはありません。

喜劇の気を追い払うのは、これより容易でありません。誰もが知っているように、喜劇は愉快なもので、これを追い払っても、舞台上で起きていることは十分に続いているからです。再び山羊の足の歌が始まり、最初から、すなわち欲望の起源から主題となっていた真の物語が再び始まるのです。だからこそ、「悲劇 tragédie」という語は山羊に、そしてサテュロスにつながっているのです。山羊とサテュロスの持場はいつも三部劇の最後に取っておかれていました。

舞台の上で跳ねる山羊、それが「アクティング・アウト」です。ここで私が言っている「アクティング・アウト」は、今日の劇場で求められていること、つまり、役者が客席へと降りていくこととは反対の動きです。つまり、観客が舞台へと上がり、言うべきことを言う、そういうことです。

だからこそ、私はここで、こう言ってよければ、他の多くの中のひとりとしてマーガレット・リトルを召喚しているのです。先にもお話ししたように、私は彼女を、ただ占いでもするように目隠しをして本のページにペーパーナイフを入れた、そんな仕方で取り上げました。

3

マーガレット・リトルは、一九五七年五―八月の第三八巻第Ⅲ―Ⅳ部掲載の論文『患者の欲求に対する分析家の全体的反応』で、以前私がセミネールで取り上げた彼女の言説をそのまま続けています。以前取り上げた時には、この論文はまだ出版されていませんでした。

あの時参加していた方々は、彼女の不安を含んだある言説と、彼女が逆転移について語ることでこの不安を制御しようとしていることに関して、私が指摘した事柄を覚えていらっしゃると思います。私は、不正確な解釈の影響といった、問題の表層には注意を向けませんでした。

ある日、ある男性分析家のところに、彼の患者の一人が「broadcast 放送」、つまりラジオの番組を終えてやってきます。そのラジオ放送の主題は分析家自身も関心をもっている主題でした。これで、この出来事がどんな状況のもとで起きたかがおおよそ分かります。彼はこう言います。「昨日は大変よくお話しされましたが、今日は落ち込んでいるようですね。それはきっと、あなたが私の領分を侵すことで私を傷つけはしないかと恐れているからでしょう」。

二年たってやっと、二周年を迎える日になって、患者は〔あの放送直後の〕悲しさをもたらしたものが、次のことに関連していることに気づきます。つまり、彼の悲しさは、その「broadcast 放送」が、少し前に亡くなった母に対する喪の感情を蘇らせたことに関連しているというのです。母親に、いわば束の間の注目の的とでも言うべき位置に上るという、息子にとっての成功を見せることができなかったというわけです。

マーガレット・リトルはこの患者をその分析家から引き継いだのですが、彼女は、前の分析家がその解釈において、ただ自分の無意識の中で起きていたことを解釈しているだけだということに驚きます。つまり、その分析家には、彼の患者の成功が実際疎ましかったということです。

しかし、問題にすべきなのは別の点です。つまり、患者が喪について語ったとしても、あるいは、当時、分析家を相手に二年遅れで再現されていた喪の主体の、喪の反復状態について語ったとしても、十分ではありません。むしろ、重要なのは、喪そのものの機能において何が問題となっているかに気づくこと、そして同時に、フロイトが、失われた対象への同一化としての喪について言ったことをもう少し先へ進めてみることです。もっとも、これも、喪についての十分な定義というわけではありませんが。

我々は、我々自身が「私はその人の欠如であった」と言えるような人についてのみ、喪に陥ります。我々は、我々が良くしてきた相手であろうと、悪くしてきた相手であろうと、我々がその人に対して、その人の欠如の位置を占める機能を果たしていたかどうか知らないでいた人について、喪に陥ります。愛において我々が相手に与えているのは、本質的に我々がもっていないものです。そして我々がもっていないものが自分に戻ってきたとき、確かに、そこに退行があります。そして同時に、その人にとって我々がいかなる点で欠如し、その欠如を代表象していたのかが露わになります。しかし、この例では、欠如に関する無視が堅固であるために、この無視が単にひっくり返ります。つまり、その人の欠如であるという我々の機能を、ここで、我々は彼に欠けていた、と翻訳することができると考えてしまうのです。実際には、その人の欠如であるという我々の機能ゆえにこそ、我々は彼にとって重要で、不可欠であったのですが。

以上が、私が皆さんに、できればマーガレット・リトルの新しい論文を参照し、目印をつけておいて欲しい事柄です。その論文は彼女の考察のその後の局面を示しているものですが、その考察は、良くなっているかはともかく、かなり深められています。彼女の考察の場合、良くなるというのとは違いますから。

彼女は逆転移について定義しようとはしていません。逆転移の定義というのはつねに問題含みの問いですから、この点については、我々は彼女にある程度感謝することができます。もし定義づけの方向へと進んでいたとしたら、それは数学的に誤りへと向かう道ですから。彼女が考えようとしていること、それはただ分析家の全体的反応だけです。全体とはつまり、分析家が分析家としてそこにいるという事実、そして分析家が見逃すこともありうる分析家自身の無意識の事柄、さらには、すべての生きる存在と同じように分析家自身も分析の間に感覚を感じているという事実、そして——彼女自身がこう言っているわけではありませんが問題はまさにこういうことです——彼女が〈他者〉として全体的な責任の位置にあるということ、そうしたことのすべてです。分析家という位置に彼女が置くこの巨大な「Total 全体」によって、彼女は、分析家の反応とはどういうものだと彼女が考えているかを、我々に正直に打ち明けようとしているのです。

その結果、彼女は古典的な養成とはまったく逆の立場をとることになります。彼女が間違っているということではありません。分析家はその場の動きの外にいるどころか、むしろ原理上徹底的に巻き込まれていると自ら想定し、実際に責任を負っているとみなし、例えば、患者の責任のために法廷へ召喚されれば分析で起きていることについて証言することをも拒まない、ということなのです。

私は、こうした姿勢が支持できないと言っているわけではありません。こうした展望の中に分析家の機能を置くことは独創的なことですが、問題も引き起こすと言っているのです。分析家は確かに場合によっては分析家自身の法廷——これは誰もが認めることでしょうが——だけでなく、患者に対しても、自身のすべての感情について正当づけることを要求されることがありえます。自身とともに分析という企ての中に入っている主体に対して分析家が感じている感情の重さが、ただ呼び出されるだけでなく、解釈ではなくむしろ告白であるような何ものかにまで高められなければならないということがあるのです。こうして入っていく道こそ、フェレンツィが最初に分析に導入した道であり、古典的な分析家たちから、極端な留保を置かれた道です。

マーガレット・リトルは、自分が関わっている様々な患者を三群に分類しています。彼女は極めて広汎な症例を引き受けることにしているようですが、まず、一つの群として、精神病の患者を挙げています。この群については、責任の一端を他の支援に預けてよいことにする必要があります。時に入院が不可避的に起こりうるというだけでもそう言えます。神経症においても、我々はやはり責任の一部を引き渡すべきなのですが、その最大の部分は、患者自身の肩に返すべきだと彼女は言っています。何という明晰さでしょう。これら二つの間に、彼女は第三の群を定義していますす。性格神経症あるいは反応性のパーソナリティーという群です。これはアレキサンダーが「neurotic characters 神経症的性格」として示したものです。要するに、これらはいずれも、間違った分類の試みのすべてがそれをめぐって作り上げられる、その中心にあるものなのですが、そこで実際に問題となっているのは、患者の一つの種類といった事柄ではありません。むしろ、私が「アクティング・アウト」と定義しているものが優位となる帯域こそが問題なのです。

これがまさに、実際彼女がここで詳述しているケースで起きていることです。それは女性のケースで、その人はクレプトマニー〔盗癖〕に分類される行為のために分析家のもとを訪れたのでした。一年の間、その女性は盗みについてまったく触れることはありませんでした。この長い分析の間、彼女は転移に関してその場その場《アクチュエル》での解釈を当世的《アクチュエル》な意味で極めて反復的に集中砲火のごとく浴び続けました。リトルがとった道においては、転移こそ、ある時点からは分析の中で、絶えずせき止め、吸い取られなければならないものと実際考えられていたからです。しかし、どんなにきめ細かく多彩な解釈を練り上げても、彼女の解釈は一瞬たりとも患者の防衛にかすりもしませんでした。

どなたか、私に手を貸して、いつか、後で日にちは定めますから、このケースの詳細を我々に報告していただけないでしょうか。私には、皆さんに他にも申し上げなくてはならないことがありますから、自身ですることはできないのです。そうしていただければ、皆さん、私がいま皆さんの前で行っている指摘の適切さがお分かりになると思います。

ある日、患者は、かつて自身の両親とともに後にした国、つまり当時のドイツ、ナチスのドイツで、ある人が亡くなったために泣き腫らした顔でやって来ました。その時になって初めて分析は動いたとリトルは述べています。その亡くなった人は、その人が両親の友人であるという点を除けば、彼女の幼少期の面倒を見てくれた他の人々の中で、さして特別ということはなかったのですが、しかしその人は患者が両親に対するのとはまったく異なる関係をもっていた人でした。実際、患者は他の人に対してこれほどの喪を抱いたことはありませんでした。

この激しく、驚くべき反応に対する、我々の分析家の反応はどのようなものだったのでしょう。いつも通りの解釈という反応です。ここでもやはり、彼女はあれこれと解釈を変えます。どれがうまくいくかをみるためです。この喪は対象に対する報復の欲求であるとか、この喪はおそらく分析家に向けられている、つまり喪を抱く対象の人物というスクリーンを通してなされた分析家へと向けられた非難であるなど、古典的な解釈です。どれもうまくいきません。しかし、分析家が、もうぜんぜん分からない、そんな姿のあなたを見るのは苦痛だわ、と告白したとき、ごく小さな何かが弾け始めたというのです。そこで我々の分析家はすかさずそこからこう演繹します。感情という肯定的で、現実的なもの、また生きたものが、新たに分析に動きを与えた、と。著者がその論述スタイルと秩序を選んでいるおかげで、我々は次のように言うことができます。つまり、患者主体に到達し、この喪において問題となっていた反応を患者主体が本来の意味で分析家との関係に転移させることを可能にした何かは、患者がその人にとって欠如であるような誰かがいたということに起因しているということです。

この介入は、分析家にはいわゆる不安があったということをこの患者に対して露わにしていました。ここで我々は、分析において欠如の位置を指し示す何ものかの極限にいます。この挿入、接ぎ木、取り木は新たな次元を切り拓き、この患者に自身を欠如として捉えることを可能にしています。このことこそまさに、彼女が自身の両親との関係の中では絶対にできなかったことでした。

解釈が有効であったのは、陽性の感情として機能したからではありません。もっともこの観察において描かれていることを陽性と形容していいとすればですが。確かに患者は手を広げて歓迎し、解釈が有効であったことを漏らしています。それは、分析において問題となっていること、分析においてどこかで、それがたとえ最後にであっても、問題にならねばならないこと、つまり切断の機能が、意図しない仕方で導入されたからなのです。

皆さんにこの点を把握させてくれるのは、この後に続くこの分析にとっての決定的な転回点でしょう。二つの契機があります。

第一の契機は、分析家が、イデオロギー、あるいは生、現実的なもの、何でもいいのですが、ともかく何らかの名のもとに勇気を奮い起こし、私が感傷的と呼ぶことになる視点との関係で、極めて奇妙な介入をする時点です。ある日、患者は自身の母親との金がらみの話を延々と繰り返し話していましたが、分析家は彼女に自分の言葉で次のように言います……「いいですか、もうやめなさい。私は文字通りこれ以上聴いていられないからです。あなたの話は眠くなります」。私はなにも、一つの技法モデルとしてこれをお示ししているわけではありません。観察記録をよく読んで、リトルのような経験をつんだ、かつ真正さに燃える分析家が直面している問題のいくつかをきちんと追跡して欲しいのです。

二つめの契機は、分析家が診察室をちょっと模様替えしたときのことです。我々の同業者の室内装飾が平均してどんなものか考えてみれば、それはさぞかしきれいなものだったのでしょう。マーガレット・リトルはその日一日中、彼女の患者たちがあれこれ論評することにうんざりしていました。「これはいい、これはよくない、この茶色はいただけない、この緑はすばらしい」。例の患者がその日の終わり近くになってやって来ます。そして彼女は、他の患者たちよりさらに攻撃的な言い方でまたこれを取り上げます。分析家は文字通り次のように言います。「いいですか、あなたがこれについてどう思うかなんてこと、私はまったくどうでもいいの」。さっきの場合と同じように、患者はびっくりして、唖然とし、そのあと沈黙を破って、熱烈さをこめてこう叫びます。「あなたがしたことは、すばらしい」等々と。

この分析の進展については、皆さんお読みください。ここでは触れません。こうした問題を語るのに特に好都合な分野の一部で、選ばれた症例についてここで私が示しておきたいと思っていること、それは単に、治療の進展における決定的な要因は、切断の機能の導入に由来するという点です。最初の解釈は要するに患者にこう言っているのです。つまり「あなたは私にカラフの栓の効果をもたらします。あなたは私に眠気を催させます」。二つ目の解釈は、患者を文字通りたしなめています。「私の診察室の装飾のことをあなたがどう考えようと、私にはどうでもいいの」。まさにそのとき、決定的な何かが、問題の転移関係の中に持ち込まれたのです。

このことで、この患者の問題の一つが、自身が敬服していた父親に対する喪の感情を一切もつことができなかったという点にあることが分かってきます。ここで報告されている話から、我々には何よりも、彼女が、いかなる視角から見ても、父親に欠如していたかもしれないものを、何であれ決して表象することができないということが分かります。意味深い場面があります。父親と散歩をしているとき、彼女は小さな木の棒をもっていました。これがペニスの象徴であることは、患者自身が強調しています。父は非常に無邪気な――ように見える――やり方でその棒を取り上げ、何の説明もしないで、無造作に水の中に投げてしまいます。この話は『ヴィル・ダヴレイの日曜日』(6)のようなものではないのです。

一方、母親ですが、母親は患者の盗みの成因として、より密接な影響をもたらしています。この母親は自身の子を自分の延長、家具か道具、場合によっては脅しと脅迫の道具としてしか扱うことができず、母自身の欲望に対して原因となるような関係をもちうる何かとして扱うことが決してできませんでした。次のこと、つまり母の欲望――もちろんこの母親は自身の欲望がどんなものか知りませんでしたが――が考慮に入れられうることを指し示すためにこそ、患者は、母が近づき、何らかの力を及ぼす勢力圏へと入ってくるたびに、きまって盗みを行うのです。この盗みは他の盗癖者の盗みと同じように、ただ次のようなことを意味しているのです。「私はあなたに、私が力あるいは策略で奪った一つの対象を示します。なぜならどこかにもう一つの対象、私の対象、aがあって、それは考慮に入れる価値のあるもの、しばし取り出される価値のあるものだからです」。この唯一存在の取り出しの機能は、ある意味で不安の機能の貧弱な相関物です。分析家でないある人、つまりエティエンヌ・ジルソン(7)がどこかで言っていますが、「生は、そして実存は、活発な分離の間断なき力」なのです。

今日こうして話をしてきた後で、皆さんは、この指摘をフラストレーションについてよく言われている指摘と一緒にしたりはしないと思います。この指摘はそれとは違うことです。これは欠如の位置が設立される限界の問題なのです。

この欠如のいくつかの作用点が臨床において現れる様々な換喩的形式に関する多様な省察を続けていくことが、我々のこれからの話となります。しかし、分析の目標ということも問題にしないわけにはいきません。この点についての一般的な立場は、とても教育的で有益なものですから、私は、今のところ、サスが分析治療の目標について書いている『On the Theory of Psychoanalytic Treatment 精神分析的治療の理論について』という論文を取り上げることができればと考えています。この論文では、分析の目標はその規則の中に示されていると主張され、また同時に、教育分析であろうと、他の分析であろうと、すべての分析の最終目的は、主体自身の動きに関する科学的視点へと主体を導入することという以外、定義することはできない、とされています。

これは極端な立場であり、確かに独特で特異な立場です。私は「我々はこの定義を受け入れることができるか」を問うているのではありません。むしろ、「こうした定義から我々は何を学ぶことができるか」を問うているのです。すでに皆さんはこのあたりの問題について十分に聞いてきましたから、私が何度も俎上に載せ、問い直している事柄、それこそがまさに、科学的視点であるということはお分かりと思います。科学的視点とは、つまり、欠如を埋め合わせ可能なものとして捉えることを絶えず目指す視点です。これは、欠如を欠如そのものとして捉えることを内に含むような経験が提示する問題群とは、まったく反対の視点です。

しかし、それでも、こうした視点は、しっかりと定めておくと有用なものです。とりわけ、これをもう一人別の女性分析家のより古い論文と並べておくとき、その有用さが際立ちます。バーバラ・ロウが分析家の立場の「Entschädigungen」つまり代償と呼んでいるものに関して書いた論文です。この論文では、分析家の位置に関して、芸術家の位置に対置されるような考え方が産み出されているのを読むことができるでしょう。分析において問題となっているのは、芸術的創造において主要な位置を占めている昇華にも比肩しうる何かであると彼女は書いています。彼女は決して、考え方の堅牢さにおいてひけをとるような分析家ではありません。『Internationale Zeitschrift 国際精神分析学雑誌』の二十周年号にあるドイツ語の論文です。これは手に入りにくいものですが、我々のために読む労を引き受けてくださるという方にお貸しできるようにしておきましょう。

これからちょっと留守にしますが、二月の二〇日には戻ってくるつもりです。二月二〇日には、ここにいらっしゃるお二人が、いまお話しした三つの論文を適切に分担して読んでくださることになっています。先ほどお願いしました。場合によっては、三つ目はもう一人の方に読んでいただいてもいいと思います。いずれにせよ、彼らが、この講壇をあまり長いこと空いたままにしないようにしてくれることと思います。もしその日に私がまだいなければ、私の代わりにセミネールを行ってくれるでしょうし、私が戻っていたなら、私とともに一緒に話してくれるよう、お願いいたします。

二人というのは、グラノフとペリエです。お二人の同意は得られたものと信じています。では、彼らの話を二月二〇日に聴くことにいたしましょう。ちょうど三週間後です。

（ラカンは結局二月二七日になってやっと戻ることになる。）

一九六三年一月三〇日

訳　註

（1）　原語は planification. plan（平面、計画、地図）から派生した動詞 planifier（計画化する、計画的に組織する）の名詞化が planification である。

(2)「海の水全部をもってしても、知性の血痕一つを洗い流すのに十分ではあるまい」(ロートレアモン『ポエジーI』最終段落)。

(3) il n'avait qu'à と活用しなければならないのに、しばしば il n'a qu'avait と誤って活用されるという意味か。頻繁に現れる誤りか否か定かでないが、「そうしさえすればよい il n'a qu'à faire ainsi」の場合には、n'a qu' がいかに固定されているかを示すエピソードとして挙げられている、と考えられる。

(4)「アイアス Ajax」は、トロイア戦争で活躍したギリシャの伝説の英雄。共に戦ったアキレウスの死後、その遺品の武具をめぐってオデュッセウスと争い、それがオデュッセウスに与えられたとき、憤慨のあまり発狂し、羊の群を仇と信じて殺戮した。正気に戻った後に、自らの行為を恥じて自害することになる。

(5) se mettre la rate au court-bouillon. それほど古い表現ではなく、このセミネールの頃、すなわち一九六〇年代に使われるようになった表現である。「気をもむ」あるいは「意味もなく気をもむ」といったニュアンスの表現。

(6) 一九六二年製作のセルジュ・ブールギニョン監督によるフランス映画。邦題は『シベールの日曜日』(原題:Cybele ou les Dimanches de Ville d'Avray, 英題:Sundays and Cybele)。原作はベルナール・エシャスリオーの『ヴィル・ダヴレイの日曜日』。Ville d'Avray は街の名。

(7) Étienne Gilson (1884-1978). フランスの哲学者、哲学史家。

XI　欲望に句読点を打つこと

逆転移から分析家の欲望へ
享楽への意志としての欲望
欲望、戦いから愛へ

私は、ウィンター・スポーツから戻ってきたところです。そこでも、私が考えていたことの多くは、いつもと同様、皆さんとのセミネールのことでした。しかし、今度は、すべてがそうというわけではありませんでした。

今年はウィンター・スポーツが私にとってうまくいった――まあ、だいたいはうまくいかないのですが――というだけでなく、ウィンター・スポーツが明確に具現化していると思われるある問題へと私を導く何かが私をとらえ、ウィンター・スポーツが私の関心をひいたのです。ある問題というのは、強制収容所の機能という今日的な問題です。ウィンター・スポーツは、気楽な老人たちにしてみれば一種の強制収容所です。中年期が時とともに長くなっていることを鑑みれば、誰もが知っているように、老年期は我々の文明の進展の中で、ますます問題化しつつあります。

このことは私に次のようなことを考えさせました。つまり強制収容所という問題、我々の歴史のあの時期における強制収容所の機能という問題は、戦後すぐに続いた白痴的な道徳観の時代によって、さらには強制収容所の問題とはすぐにオサラバできるとした愚かな考えによって、すっかり見失われ、覆われてきたということです。この問題に蓋をするのを専門とした数々の外交セールスマンについて、これ以上くだくだと言うつもりはありません。彼らの第一人者はノーベル賞を受賞するまでになりました。今日的な問題について真剣に方針を定めなければならなかったとき、彼がどんなに馬鹿げたヒロイズムの頂点にあったかはよくご承知のことと思います。

こんなことを考えるのと同時に、私は、これもやはり皆さんのために役立てようと、数年前の倫理に関する私自身のセミネールを読み直してみました。そして、私は、このセミネールにおいて語られていることが、我々の師フロイト以後、もっとも本質的な問題を扱っているという思いを新たにしました。そしてまた、そこでは、道徳の問題は原則上もその出自からも現実的なものの側に求めなければならないということが、真実と呼ぶにふさわしい方法で強調されていることを確認しました。しかし、現実的なものの側ということで何を言わんとしているか、なおそのことが問われなければなりません。

道徳は確かに現実的なものの側に求められなくてはなりません。政治においては特にそうです。だからと言って、このことは皆さんに道徳を欧州共同市場の側に求めるよう促しているわけではありません。

さて、先回と同じようにグラノフ氏に発言をお願いするだけでなく、進行役、より正確に言えば、司会の労もとっていただきましょう。彼はあの三作への全体的な導入を行ってくれましたし、先回、マーガレット・リトルに緒をつけてくれたオラニエ夫人が今日お話しされた後、彼には、それに応えて発言することがおありでしょうから(これに続いて、二人の発言があった)。

バーバラ・ロウの論文は三つの論文の中でももっとも卓越し、もっとも注目に値するものでしょう。グラノフが、ルシア・タワーの論文を取り上げることで、介入のより今日的な一形式へと我々を導いたことは、私には少し回避の徴のように思われました。しかし、この論文を紹介してくれたことを彼に感謝いたします。そうでなければ、私は今年度、この論文を取り上げることにはならなかったでしょう。もうこれを避けて通ることはできません。それから、ペリエにも感謝いたします。彼は昨日、彼が先回話したことの要約を私に送ってくれました。しかし、少し時間をください。指摘すべき詳細についてお話しするためにもう少し情報を得ようと思っています。

ですから、これらの発言をされた三人は、少し待っていただいても特に損はないものと思います。

1

私がこれらの三つの論文、三者とも逆転移に焦点を当てているこれらの論文を参照することで、皆さんに何を考えていただこうとしているか、皆さん、おおよそ見当がついていることと思います。逆転移という主題をいま私が、それにふさわしい仕方で明確にすることができるとは思っていません。私がこの主題をもち出しているのは、ただ、私が不安について語っていることとの関連において、もっと厳密に言うなら、私の教育の全体的流れの中で不安を取り上げることが果たす機能との関連においてでしかありません。

不安に関して語っているここでの話を、より具体的なある観点からこれ以上ひき離しておくことはできないでしょう。それは、いつからか私の言説の中で次第に執拗な仕方で現れるようになった観点、つまり分析家の欲望という問題です。

結局のところ、これらの著者たちが逆転移に接近する際に直面している困難において、分析家の欲望という問題こそが障壁となっていることは、いくら固い頭のもち主でもお分かりでしょう。こうした次元の介入はどれも、六〇年間の分析の洗練を経た後では、いかにもびっくりさせるものに見えますが、しかし、ここでしているような考察の支えなしにざっと見ると、やはり本質的な厚かましさを帯びているように見えるものです。

件の著者たち、サスにせよ、バーバラ・ロウその人にせよ、さらにはマーガレット・リトルにせよ、誰もが、事態を欲望の次元で捉えることを避けるわけにはいかないのです。ルシア・タワー、彼女は年代的には一番若いのですが、彼女の驚くべき打ち明け話、つまり自身の経験について語る極めて意味深長な告白において、事がどのように進展しているか、その点については、すぐ後にお話ししましょう。

逆転移という言葉は、大まかに言えば、要するに分析家の関与に焦点を当てた言葉です。しかし、より本質的なのは、分析家が巻き込まれるということです。この点に関して皆さんは、これらのテキストの中で大きな揺れが生じているのをご覧になることでしょう。大きな揺れ、つまり一方では一〇〇パーセント責任を負い、他方では事態からすっかり手を引くという大きな揺れです。

最後の論文、ルシア・タワーの論文は、決して初めてというわけではありませんが、それでも明確に言語化された形では初めて、この次元におけるはるかに示唆的な事柄、つまり、彼女が分析家の側に起こりうる小さな変化と呼んでいるものについて語っています。彼女は、逆転移とは、分析の中でシニフィアンとして受け取るものに関して分析家が抑圧しているものすべてだ、と言っています。

これは逆転移の正確な定義ではありません。正確な定義を与えようと思えば極めて単純に与えることができたでしょう。彼女の言い方は、真の問題をその射程に捉えていません。逆転移という問題そのものは実のところ問題ではないのです。なぜなら、この問題が意味をもつのは、この問題が立てられることになったその混乱状態においてでしかないからです。すべての著者たちが免れがたく突き当たっている唯一の意味、それは分析家の欲望です。

この欲望の問題は、ただ単に解決されていないというだけでなく、解決の糸口さえ見出されていませんが、それはただ単に、分析理論においてこれまで、私のこのセミネールを除いては、欲望とは何かということが正確に位置づけられたことがないからです。

確かにこれを行うことは容易な試みではありません。私が決して一気にこれをなそうとしているわけでないことは、皆さんお分かりと思います。私はまず、欲望と要求とを区別することで、欲望の位置を皆さんに示そうとしました。そして次に、正確には今年の始めに、ある新しいことを導入しました。まず、皆さんに少しだけこれを示し、皆さんのいわゆる反応を見たのですが、やはり反応がありました。新しいこととは、つまり欲望と法の同一性です。

精神分析の学説の初期の歩みの中に書き込まれているこのような明らかな点が、こうした注意を払うことによってしか導入されない、いや、再び導入され得なかったというのは奇妙なことです。だからこそ、それらの側面や含意をお示しするために、今日この点に立ち戻ったのです。

2

ですから、欲望、それは法です。

この点は、精神分析の学説の中では、単に真理であるというだけではありません。そこでは、この点はその構築の中心的な本体です。法の実体を作っているもの、それが母親への欲望であり、逆に、欲望そのものを規範づけているもの、つまり欲望を欲望として位置づけているもの、それが近親相姦の禁止と言われる法であるということ、これは明らかです。

ある言葉、我々が生きているこの時代にこそはっきりとした意味をもつ言葉、つまりエロティシズムという言葉が規定する視点から、事態を捉えてみることにしましょう。

これがエディプス的な――サド的ではないにしろ――現れをするときにもっとも範例的なものとなることはよく知られています。欲望は、どんな現れ方をするにせよ、サド的な――サディズム的とは申しませんが――視点から見ても、またマゾヒズムと呼ばれているものの側にとっても、享楽への意志として出現します。

倒錯においては、欲望が法を作るものとして、つまり法の壊乱として現れるのですが、その倒錯においてさえ、欲望は一つの法の支えです。いま我々が倒錯について何かを知っているとすれば、それは、外から見ると歯止めのない満足と見えるものが実は防衛であり、享楽への途上において主体を差し止め、宙吊りにし、押し止めるものとしての法の発動であるという点です。倒錯者における享楽への意志は、他の場合と同様、やはり失敗する意志、欲望の実行そのものにおいて自身の限界にぶつかり、ブレーキをかけられる意志です。私の要請に従って今日話をしてくれた方々の内のお一人が見事に強調していたように、倒錯者は自身がどのような享楽のためにその行為を実行しているかを知りません。いずれにせよ、それは自身のためではありません。

このことは神経症者において何が問題になっているかを位置づけてくれます。神経症者こそ、我々を欲望の真の本性の発見へと導いた範例的な道でした。この発見は道徳学における決定的な一歩でした。そして、この決定的な一歩は、いままさに私が皆さんの前でお話ししていること〔不安〕に注意が向けられたとき、やっと踏み出されたのです。神経症者は、欲望を維持するためには法の樹立を経なくてはならないということを我々に示しています。神経症者は他のどのような患者にもまして、法に従うことなくして欲望することはできないという範例的事実を引き立たせているのです。神経症者は、満たされないもの、不可能なものとしてしか、自身の欲望にその境位を与えることはできません。

ヒステリー者と強迫神経症者についてのみ語ることで、私はまだ、事を有利に運んでいるということなのかもしれません。と言いますのは、我々がいまだに当惑している事柄、つまり不安神経症を埒外においているからです。この不安神経症について、今年、ここで問題にしていることを通じて、皆さんに必要な一歩を踏み出していただくようにしたいと思っています。フロイトはまさにこの不安神経症から出発したということ、そして、フロイトの死が我々から奪ったことがあるとすれば、それはまさに、不安神経症へと戻る十分な時間がフロイトに残されなかったという点であることを忘れないようにしましょう。

皆さんにはいかに逆説的に見えようと、不安という主題こそ、私が道徳的法の神話と呼ぶことになる決定的地平へと我々を導くものです。決定的地平、つまり、道徳的法の神聖な場というものがあるとすれば、それは、すべて主体の自律性という方向にこそ求められるべきだということです。

倫理の理論の歴史の中で自律性という点が次第に強調されていますが、このことは何が問題なのかをよく示しています。つまり、これは防衛なのです。まずのみ込んでおかなくてはならないこと、それは第一の明白な真理、つまり道徳的法は他律的であるという点です。

だからこそ、私は、道徳的法は私が現実的なものと呼んでいるものに由来するということを強調しているのです。現実的なもの、つまり、介入するときに介入してくるもの、フロイトが言っているように、介入において主体を省略し、介入そのものによって抑圧を決定づけながら、介入してくるもの、そういうものとしての現実的なものです。現実的なものと呼ばれているものは、共時的機能なくして十全な意味をもつことはありません。端的に、痕跡を消すことはまずは近似的に言われているものについてお話しすることで、私は皆さんにこの共時的機能についてお示ししました。

もちろん、これは最初の試行的な近似でしかありません。なぜなら、誰もが知っているように痕跡は自ら消えたりしないからです。そしてそのことが事のアポリアをなしています。しかし、皆さんにとっては、これはアポリアでも何でもありません。シニフィアンという概念について考察してきたのは、まさにアポリアを解くためだったのですから。問題は痕跡の消去ではありません。そうではなくて、シニフィアンが痕跡の状態へと回帰することです。痕跡のシニフィアンへの移行の取り消し、これこそ私が、皆さんの前で、痕跡をカッコに入れ、痕跡を強調し、せき止め、印づけることによって皆さんに感じ取ってもらおうとしてきたことです。現実的なものは主体を痕跡へと回付し、それと同時に主体を取り消します。なぜなら、主体があるのは、ただ、シニフィアンによって、つまりシニフィアンへと移行することによって、でしかないからです。いつも言っているように、シニフィアンはもう一つのシニフィアンに対して主体を代表象するものです。

ここで問題になっていることの動因は、歴史とか記憶といった、いずれにせよあまりに安直な視野で捉えるべきものではありません。忘却は極めて物質的なもの、あまりに自然なもののように見えるので、ついひとりでに起こるものと考えられがちですが、しかし、記憶について、それが存在するものと捉えられたその瞬間から、忘却はもっとも神秘的なものの一つとなります。だからこそ、私は皆さんをある横断的な次元にお連れしようとしているのです。横断的次元と言っても、それはまだ、他のものほどには共時的ではありませんが。

いわゆるマゾ、つまりマゾヒストを取り上げましょう。

これは倒錯を宙吊りにするものとしてもっとも大きな謎です。皆さんは私に、こう言われることでしょう。マゾヒストは、享楽しているのは〈他者〉の方だということを知っている、と。ですから、それは、自身の真理へと到達した倒錯者です。彼は、私が先ほど言ったこと、つまり倒錯者は誰が享楽しているかを知らないという点に関して、例外をなしています。もちろん、享楽しているのはつねに〈他者〉です。そのことをマゾヒストは知っているかもしれません。が、しかし、マゾヒストが見逃していること、そしてマゾヒストをすべての倒錯者と同じ場に置いているもの、それは、マゾヒストは、彼が求めているものは〈他者〉の享楽であると信じ、またまさにそう信じているからこそ、彼が求めているものは〈他者〉の享楽ではないという、そのことです。マゾヒストが見逃していること、誰にもすぐに手が届く分かりやすい真理であるのに、それでいて決してその機能の真の水準において捉えられることのない点、それは、マゾヒストが求めているのは〈他者〉の不安だということです。

これは、マゾヒストが〈他者〉を困らせようとしているということではありません。〈他者〉の不安を求めることが何を意味しているのか、それを理解できないがために、こうした大雑把で馬鹿げた水準で、事態が一種の常識に従って捉えられてしまうのです。背後にある真理を見ることができないために、極めて意味深い何か、私がいま言ったように定式化されるこの真理が内に含まれている貝殻(1)を、棄ててしまうのです。

だからこそ、我々は不安の理論へと戻らなければならないのです。

3

不安に関して、ラカンの教えの中に新たに導入された次元がもたらすことになるのは、いったい何なのでしょうか。フロイトはその理論形成の終期において、内的危険に関連して自我に現れる信号としての不安ということを言いました。これは一つの記号、誰かに対して何かを、例えば自我に対して内的危険を、代表象する記号です。私はこの構造に十全の意味をもたせて、内的危険という概念は使わずに、この構造を使います。ぼんやりした耳には逆説的に聞こえるかもしれませんが、以前申し上げたように、私が倫理のセミネールを行った折に『草稿』のトポロジーへと戻った時点で、内的危険というものはすでにありませんでした。神経学的な装置であるこの包みは内側などというものはもっていないのですから。そしてAufbau、つまり構造として、知覚と意識の間に置かれるものとしてのΨ(プサイ)システムは、他の次元に、シニフィアンの場としての〈他者〉として位置づけられています。昨年からすでに、私は、不安を〈他者〉の欲望の特異的な出現として導入しています。

このような角度から生起するものとしての〈他者〉の欲望とは、いったい何を表しているのでしょうか。ここでこそ信号がその価値を発揮します。それがトポロジー的に自我と呼ぶことのできる場に生じているとすれば、それは他の誰かに向けられていることになります。つまり、自我が信号の場であるとすれば、信号が差し向けられているのは自我ではありません。これは当たり前のことです。これが自我の次元で発火するとすれば、それは、主体が何かについて、すなわちある欲望について警告を受けとるためです。この欲望は、いかなる欲求とも関わりのない要求、まさに私の存在そのものと関わっている要求、私を問いにかけている要求です。信号は私を無化すると言ってもいいでしょう。原則として、信号は居あわせている者としての私に向けられてはいません。それは、いわば来たるべき者としての私、さらには、失われた者としての私に向けられています。信号は私の喪失を望み、そしてそこで〈他者〉が自身を見出します。これが不安というものです。

〈他者〉の欲望は私を承認しません。ヘーゲルはそのことを確信していました。このことは問いを大いに容易にしました。なぜなら、もし〈他者〉が私を決して十分になど承認していないのに、私を承認するとしたら、私は暴力に訴えるしかないからです。実際のところ、〈他者〉は私を承認《ルコネトル》することもなければ、誤認《メコネトル》することもありません。もし承認したり誤認したりするとしたら、事は、むしろ容易だったでしょう。私は戦いや暴力によってそこから抜け出すことができるからです。〈他者〉は私を俎上に載せ、小文字のaとしての私、欲望の対象としてではなく、欲望の原因としての私に、私自身の欲望の根について問い質します。先行性という時間的関係において、〈他者〉はまさにそこを狙っているので、私はこの把捉を断ち切るために何をすることもできず、ただ、そこに巻き込まれるしかありません。

この時間的な次元が不安です。この時間的な次元が分析の次元です。分析家の欲望が私に待受けという次元を呼び起こすからこそ、私は分析の有効性の中にとらえられるのです。そして、私は、分析家が私をああ見たりこう見たりし、私を対象にするのを望むことになります。他者とのヘーゲル的な関係はここでは都合の良いものです。なぜなら、実際、私はそれに対しては様々な抵抗をもっていますが、他の次元に対しては、抵抗のほとんどの部分が滑り抜けるからです。ただ、欲望とは何であるかを知ることが必要です。欲望の機能が及ぶのはただ単に闘争の次元のみではありません。欲望の機能は、ヘーゲルがそれなりの理由があって欲望を探求しようとはしなかった領域、すなわち愛の次元にも及んでいます。

愛について考えれば考えるほど、話せば話すほど、私は自身が話している事柄を分かり易く示すことが不可欠であると考えざるをえません。ルシア・タワーの論文をお読みになれば、二人のおじさん(bonshommes)——ある領域でbonnesfemmes ということが言われていた時に、戦後よく使われた言い方で言えば——の愛の物語が語られているのがお分かりになるでしょう。一つの例では、患者はルシア・タワーを愛の次元に置いていますが、もう一つの例では愛の次元には至っていません。ルシア・タワーはそれがなぜかを語っています。この例を挙げたのは、次の事実について少し考えてみたかったからです。つまり、いわゆる逆転移について、何か気のきいたことを語っている人がいるとすれば、それはつねに女性であるという点です。

皆さん、マイケル・バリントがいるではないかと言われることでしょう。しかし、彼もアリスと一緒に書いています。エラ・シャープ、マーガレット・リトル、バーバラ・ロウ、そしてルシア・タワーです。この点について大胆に、そして興味深いことを語っているのは、圧倒的に女性たちです。これがなぜかという問いは、私が話をしていた角度、つまり欲望の機能、愛における欲望の機能という点から捉えれば、氷解するでしょう。皆さんは十分に経験を積んでいますから、次の点はお分かりかと思います。よく知られた昔からの真理ですが、この点に適切な関心が寄せられたことはありませんでした。つまり、欲望が愛に介入し、愛における本質的な賭金となるとき、その欲望は愛されている当の対象には関わっていないということです。

この第一の真理、愛の有効な弁証法が唯一その周りだけを巡るこの第一の真理を、皆さんが、何らかの事故、性愛生活の「Erniedrigung 貶め[2]」、そして足を抱えるエディプスと同列のものとして捉えるとすれば、皆さんは分析家の欲望が何かという問いを立てる方法について何一つお分かりにならないことになるでしょう。転移のセミネールの年に、転移が書き込まれるトポロジーを位置づけようとして私がしたように、愛の経験から出発しなくてはならないのです。

私の今日の話は、ここでそろそろ終わることになりますが、唐突な終わり方と思われることでしょう。今日の最後のあたりで定式化したことが、ただ、一休み、ある章の冒頭、あるいは結論に過ぎないと取られることもあるでしょう。お好きなようにお考えください。いずれにせよ、これをスキャンダルの石と考えるなり、凡庸なものと考えるなり、ともかく心行くまでお好きなようにしてください。

次回、このディスクールの続きはここから始めたいと思っています。まさに不安の指示的な機能、それによって我々はそこへと接近することができるのですが、この機能を正確に位置づけようと思います。

一九六三年二月二七日

訳註

（1） 真珠と貝殻の関係を念頭に。

（2） フロイトの論文、Über die allgemeinste Erniedrigung des Liebeslebens, G.W. VIII, pp. 78-91.『性愛生活が誰からも貶められることについて』（全集第一二巻、岩波書店、二三一頁―二四五頁）参照。

〔訳者紹介〕

小出浩之
1943年生まれ．精神科医．現在，岐阜大学名誉教授．

鈴木國文
1952年生まれ．精神科医．現在，医療法人生生会松蔭病院勤務．名古屋大学名誉教授．

菅原誠一
1970年生まれ．精神科医．現在，東尾張病院勤務．

古橋忠晃
1973年生まれ．精神科医．現在，名古屋大学学生相談総合センター准教授．

ジャック・ラカン 不安（上）　（全二冊）

2017年3月9日　第1刷発行

訳　者　小出浩之《こいでひろゆき》　鈴木國文《すずきくにふみ》
菅原誠一《すがわらせいいち》　古橋忠晃《ふるはしただあき》

発行者　岡本　厚

発行所　株式会社 岩波書店
〒101-8002 東京都千代田区一ツ橋2-5-5
電話案内 03-5210-4000
http://www.iwanami.co.jp/

印刷・精興社　製本・牧製本

ISBN 978-4-00-061186-2　Printed in Japan

ジャック・ラカン 無意識の形成物（上）
J=A・ミレール編 佐々木孝次 原和之 川崎惣一 訳
A5判四五〇頁 本体五〇〇〇円

ジャック・ラカン 対象関係（下）
J=A・ミレール編 小出浩之 鈴木國文 菅原誠一 訳
A5判三三六頁 本体四八〇〇円

ジャック・ラカン 転移（上・下）
J=A・ミレール編 小出浩之 鈴木國文 菅原誠一 訳
A5平均三二〇頁 本体各五二〇〇円

〈岩波現代全書〉フロイトの〈夢〉
――精神分析の誕生――
秋吉良人
四六判二六四頁 本体二三〇〇円

ジャック・デリダと精神分析
――耳・秘密・灰 そして主権――
守中高明
四六判二五六頁 本体二九〇〇円

岩波書店刊

定価は表示価格に消費税が加算されます

2017年3月現在